PERCUSIÓN LIBRO NÚMERO 1

ESSENTIAL ELEMENTS
para banda

MÉTODO DE BANDA COMPRENSIVO

TIM LAUTZENHEISER • JOHN HIGGINS • CHARLES MENGHINI
PAUL LAVENDER • TOM C. RHODES • DON BIERSCHENK

Consultor y editor de percusión WILL RAPP

Traducido al español por Sara Denlinger

Banda es...

M anifestando arte musical con una familia de amistades
U tilizando nuestra dedicación para crear éxito
S uperarse a través de las alegría en trabajar unidos
I ndividuos expresándose en un idioma universal
C reatividad - expresándote en un idioma universal
A ctualizando la unión de varias personas y culturas

Banda es...**MÚSICA!**

¡A Tocar la música!
Tim Lautzenheiser

HISTORIA DEL PERCUSIÓN

Los instrumentos de percusión fueron inventados por culturas prehistóricas. Sin embargo, la mayor parte de la historia de la percusión está vinculada con grupos militares. Los tambores se usaron en la invasión mora de África en el año 700 d.C. Estos instrumentos fueron los antecesores del redoblante y del timbal. Tanto los escoceses como los suizos desarrollaron el redoblante alrededor del año 1300.

Hacia 1450, las bandas militares turcas incluían triángulos, platillos y tambores de varios tamaños. Los instrumentos utilizados en estas "Bandas Janízaras" servían para comunicar señales a grandes cantidades de soldados.

Compositores como J. S. Bach, Mozart, Beethoven, Berlioz, Debussy, Sousa y Stravinsky son importantes porque han incluido la percusión en sus obras. Los instrumentos de percusión más comunes son: redoblante, bombo, platillos crash, triángulo y timbales. Entre los percusionistas famosos se encuentran Vic Firth, Peter Erskine, Buddy Rich y Al Payson.

Para crear una cuenta, visite:
www.essentialelementsinteractive.com

Student Activation Code
E1PC-SP02-3498-9967

ISBN 979-8-3501-5940-0

LO BÁSICO

Postura

Párate cerca de tu instrumento y mantén siempre:

- La espina dorsal recta y erguida
- Los hombros hacia atrás y relajados
- Los pies planos sobre el suelo

Agarre Igualado (Posición Natural de las Baquetas)

Todos los instrumentos de percusión que requieren baquetas o mazas pueden tocarse con este agarre básico. Ambas baquetas o mazas se sostienen exactamente de la misma manera, llamada "igualada".

- Coloca las baquetas frente a ti con la punta apuntando hacia adelante.
- Extiende la mano derecha como si fueras a dar la mano a alguien.
- Toma la baqueta derecha con el pulgar y el índice a aproximadamente 1/3 desde el extremo de la baqueta.
- La curvatura de la primera articulación del dedo índice y el pulgar sostienen la baqueta en su lugar, creando un punto de pivote.
- Curva suavemente los otros dedos alrededor de la baqueta.
- Asegúrate de que la baqueta esté apoyada en la palma de tu mano.
- Gira la mano con la palma hacia abajo a una posición cómoda de descanso.
- Repite el mismo procedimiento con la mano izquierda.

Posición de Práctica y Ejecución

- Coloca la almohadilla de práctica sobre una superficie plana, ligeramente por debajo de tu cintura.
- Párate erguido con los brazos relajados a los lados. Eleva los antebrazos doblando los codos.
- Forma el contorno de una rebanada de pastel con las baquetas, aproximadamente 2 pulgadas sobre la almohadilla de práctica.
- Mueve las muñecas para levantar las baquetas 6-8 pulgadas sobre la almohadilla. Esta es la posición de "arriba".
- Comienza con la mano derecha. Golpea cerca del centro usando un movimiento rápido de muñeca, como un reflejo. Deja que la baqueta regrese a la posición "arriba" para prepararte para el siguiente golpe.
- Continúa con la mano izquierda, golpeando aproximadamente 1 pulgada a un lado del golpe de la mano derecha. Regresa a la posición "arriba".
- Cuando descanses, mantén las baquetas aproximadamente 2 pulgadas sobre la almohadilla de práctica, formando el contorno de una rebanada de pastel.

Ejercicios de alternancia de manos

D = Mano derecha
I = Mano izquierda

Toca el siguiente ejercicio de baquetas en tu almohadilla de práctica, manteniendo un pulso uniforme al tocar y al descansar:

● = Golpea cerca del centro de la almohadilla de práctica.

D	I	D	I		D	I	D	I	
●	●	●	●	SILENCIO	●	●	●	●	SILENCIO

Aprenderás varios métodos de "golpeo con las manos" en este libro. El método anterior se llama "Mano derecha al frente" (DIDI...DIDI, etc.).

Consulta el interior de la portada para obtener información sobre cómo acceder a los videos instructivos.

Coordinándolo Todo

Las dos formas de montar la caja dependen del tipo de agarre que estés usando. Agarre igualado = configuración del tambor nivelada.
Agarre tradicional = configuración del tambor en ángulo

Paso 1 Abra las patas inferiores del soporte de la caja. Asegúrelas apretando el tornillo de la base del trípode. Sujete la barra y eleve el soporte hasta quedar por debajo de su cintura. Apriete el tornillo de ajuste de altura y bloquéelo en su lugar.

Paso 2 Coloque las dos barras de soporte más cercanas entre sí frente a usted. Asegúrese de que estén niveladas. Coloque la barra de soporte restante a su izquierda y súbala aproximadamente 2 pulgadas (unos 5 cm). Apriete el tornillo de ajuste de ángulo.

Paso 3 Coloque cuidadosamente la caja en el soporte de manera que la palanca del bordonero quede frente a usted. El lado izquierdo debe quedar un poco más elevado.

Paso 4 Deslice el brazo ajustable hasta que quede bien ajustado contra el casco del tambor. El parche superior debe quedar ligeramente por debajo de su cintura. Bloquee el soporte de la caja en esa posición. Apriete todos los tornillos cada vez que toque.

Paso 5 Tense el bordonero. Golpee el parche de la caja. Si el sonido no es nítido, apriete o afloje el tornillo de control de tensión. Los bordones deben descansar suavemente contra el parche inferior. Párese junto al tambor como se muestra:

El estudiante mostrado es miembro de la Orquesta Juvenil de Milwaukee.

Montaje del Redoblante con Agarre Igualado

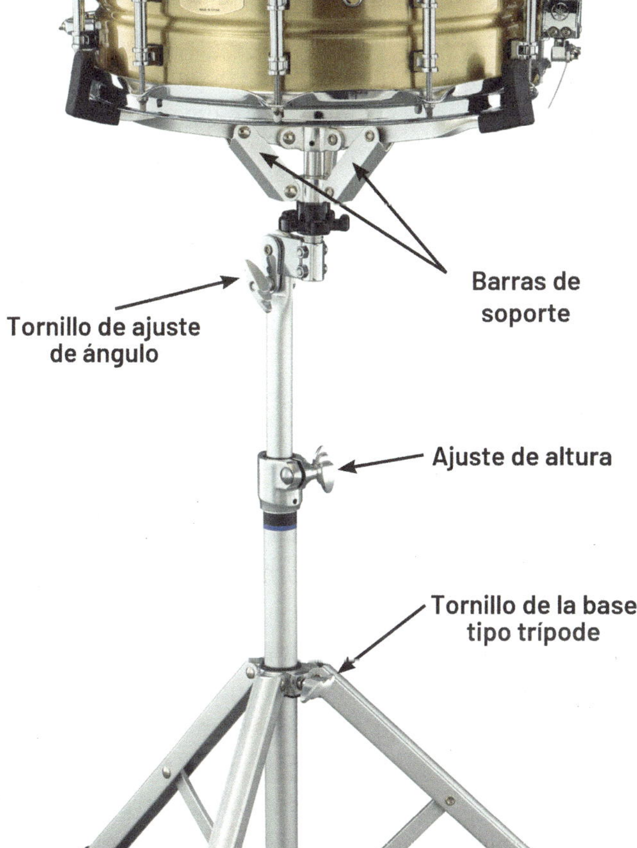

LECTURA DE MÚSICA

Identifica y dibuja cada uno de estos símbolos:

Pentagrama

El Pentagrama de Música tiene 5 líneas y 4 espacios donde se escriben notas y silencios.

Lineas adicionales

Las líneas adicionales amplían el pentagrama musical. Las notas en las líneas adicionales pueden estar por encima o por debajo del pentagrama.

Compases y lineas divisoras

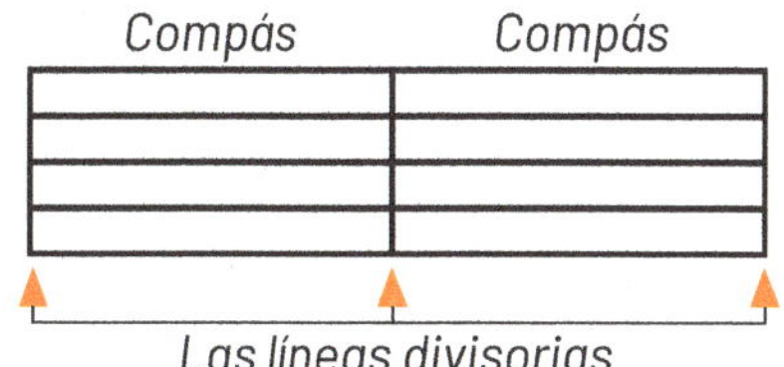

Las líneas divisorias dividen el pentagrama musical en compases.

Clarificación: La palabra compás también se refiere a la fracción numérica que aparece al principio de una canción para indicar cuantos pulsos se encuentran en un compás (el espacio entre las lineas divisoras), pero ese concepto será explicado con mas detalle después en este libro.

LO BÁSICO

Postura

Párate cerca de tu instrumento y mantén siempre:

- La espina dorsal recta y erguida
- Los hombros hacia atrás y relajados
- Los pies planos sobre el suelo

Agarre Tradicional

El agarre tradicional es otra forma de sostener las baquetas de la caja. Tu maestro te dirá qué agarre debes usar.

MANO IZQUIERDA

- Gira tu mano izquierda con la palma hacia abajo y abre los dedos.
- Con la punta apuntando hacia abajo, coloca la baqueta en la membrana entre el pulgar y el índice. Aproximadamente 1/3 a 1/4 de la baqueta debe sobresalir por encima del pulgar.
- Gira tu mano con la palma hacia arriba y deja que la baqueta descanse suavemente entre los dedos medio y anular. La membrana del pulgar mantiene la baqueta en su lugar; los dedos simplemente la equilibran.
- El antebrazo y la muñeca izquierdos controlan el movimiento de la baqueta.

MANO DERECHA

- Sigue las instrucciones del Agarre Paralelo en la página 2.
- Verifica que las baquetas estén apoyadas correctamente en la palma de tu mano, como se muestra:

Posición de Práctica y Ejecución

- Coloca la almohadilla de práctica sobre una superficie plana, ligeramente por debajo de tu cintura.
- Mantente de pie con la espalda recta y los brazos relajados a los costados. Levanta los antebrazos doblando los codos.
- Forma el contorno de una gran rebanada de pastel con las baquetas, a unas 2 pulgadas (aprox. 5 cm) por encima de la almohadilla de práctica. Tu baqueta izquierda quedará más lejos de tu cuerpo que la derecha.
- Mueve las muñecas para elevar las baquetas entre 6 y 8 pulgadas (15-20 cm) por encima de la almohadilla. Esta es la posición "arriba".
- Comienza con tu mano derecha. Golpea cerca del centro usando un movimiento rápido de muñeca, como un reflejo. Deja que la baqueta regrese a la posición "arriba" para prepararte para el siguiente golpe.
- Sigue con tu mano izquierda y golpea aproximadamente a 1 pulgada (2-3 cm) del primer golpe de la mano derecha. Regresa a la posición "arriba".
- Cuando descanses, mantén las baquetas a unas 2 pulgadas por encima de la almohadilla o del parche, en forma de una gran rebanada de pastel.

Ejercicios de alternancia de manos

D = Mano derecha

I = Mano izquierda

Toca el siguiente ejercicio de baquetas en tu almohadilla de práctica, manteniendo un pulso uniforme al tocar y al descansar:

● = Golpea cerca del centro de la almohadilla de práctica.

D	I	D	I		D	I	D	I	
●	●	●	●	|SILENCIO|	●	●	●	●	|SILENCIO|

Aprenderás varios métodos de "golpeo con las manos" en este libro.
El método anterior se llama "Mano derecha al frente" (DIDI...DIDI, etc.).

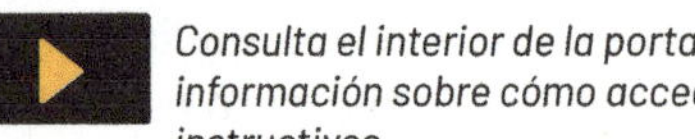

Consulta el interior de la portada para obtener información sobre cómo acceder a los videos instructivos.

Reuniéndolo todo

Las dos formas de montar la caja dependen del tipo de agarre que uses: Agarre igualado = configuración del tambor nivelada.
Agarre tradicional = configuración del tambor en ángulo.

Paso 1 Abre las patas inferiores del soporte de la caja. Asegúralas apretando el tornillo de la base del trípode. Sujeta la barra y eleva el soporte hasta quedar por debajo de tu cintura. Aprieta el tornillo de ajuste de altura y bloquéalo en su lugar.

Paso 2 Coloca las dos barras de soporte más cercanas entre sí frente a ti. Asegúrate de que estén niveladas. Coloca la barra de soporte restante a tu izquierda y elévala aproximadamente 2 pulgadas (5 cm). Aprieta el tornillo de ajuste de ángulo.

Paso 3 Coloca cuidadosamente la caja en el soporte, de manera que la palanca del bordonero quede frente a ti. El lado izquierdo debe quedar un poco más elevado.

Paso 4 Desliza el brazo ajustable hasta que quede bien ajustado contra el casco del tambor. El parche superior debe quedar ligeramente por debajo de tu cintura. Bloquea el soporte de la caja en esa posición. Aprieta todos los tornillos cada vez que toques.

Paso 5 Aprieta el bordonero. Golpea el parche de la caja. Si el sonido no es nítido, aprieta o afloja el tornillo de control de tensión. Los bordones deben descansar suavemente sobre el parche inferior. Párate junto al tambor como se muestra:

El estudiante mostrado es miembro de la Orquesta Juvenil de Milwaukee.

Montaje del Redoblante con Agarre tradicional

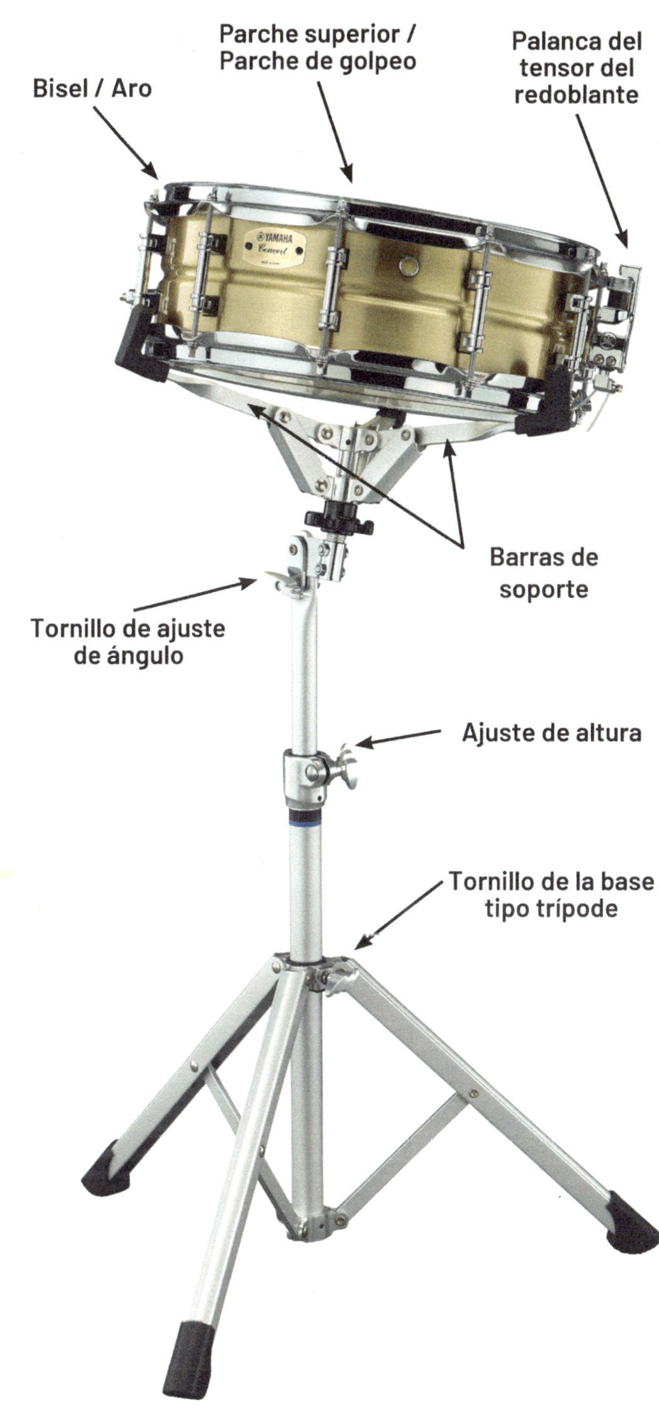

LECTURA DE MÚSICA

Identifica y dibuja cada uno de estos símbolos:

Pentagrama

El Pentagrama de Música tiene 5 líneas y 4 espacios donde se escriben notas y silencios.

Lineas adicionales

Las líneas adicionales amplían el pentagrama musical. Las notas en las líneas adicionales pueden estar por encima o por debajo del pentagrama.

Compases y lineas divisoras

Compás *Compás*

Las líneas divisorias

Las líneas divisorias dividen el pentagrama musical en compases.

Clarificación: La palabra compás también se refiere a la fracción numérica que aparece al principio de una canción para indicar cuantos pulsos se encuentran en un compás (el espacio entre las lineas divisoras), pero ese concepto será explicado con mas detalle después en este libro.

INSTRUMENTOS BÁSICOS DE PERCUSIÓN

Los percusionistas tocan varios instrumentos. La caja y los instrumentos de percusión de teclado proporcionan las técnicas básicas para tocar todos los demás instrumentos de la sección de percusión. Pide a tu director que te ayude a identificar cada uno de estos instrumentos de percusión básicos y las baquetas o mazas que puedas tener en el salón de banda de tu escuela.

INSTRUMENTO	BAQUETA / MAZA
Caja de concierto con soporte	Baquetas 5B o 2B
Bombo de concierto con soporte	1 par de mazas medianas para bombo
Platillos crash (16" a 18")	Se tocan en pares
Platillo suspendido con soporte (16" a 18")	1 par de mazas medianas de hilo
Triángulo con clip	1 par de macillos de metal
Bloque de madera	1 par de mazas medianas de goma 1 par de mazas duras de goma
Tímpani (23", 26", 29", 32")	1 par de mazas generales para timpani 1 par de mazas duras para timpani
Campanas	1 par de mazas muy duras de lexan 1 par de mazas duras de goma
Xilófono	1 par de mazas duras de goma 1 par de mazas medianas de goma
Carillón	2 mazas de plástico o 2 de cuero crudo
Marimba	Varias mazas de hilo y goma
Vibráfono	Varias mazas de hilo y goma

Accesorios Generales:
Panderetas (con y sin parche), cencerro, bongós, congas, timbales, maracas, güiro, claves, castañuelas, látigo (slapstick), cascabeles, silbato deslizante (slide whistle).

El Ritmo

El **ritmo** es el pulso de la música y, como los latidos del corazón, debe permanecer muy constante. Contando en voz alta y dando golpecitos con los pies nos ayuda a mantener un ritmo constante. Golpea suavemente con el pie hacia **abajo** cada número y hacia **arriba** en cada "y."

Un pulso = 1 y
↓ ↑

Notas y Silencios

Las **notas** nos dicen cuales tonos tocan (alto o bajo) dependiendo en donde aparecen en el pentagrama musical, y también nos dice que duración darles dependiendo en su forma (negra, blanca redonda, etc.). Los **silencios** indican la duración de descanso.

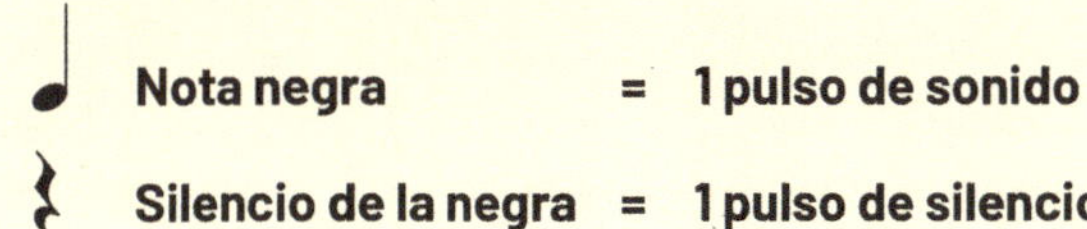

1. La primera nota *Toca tu negra mientras la banda toca su nota larga.*

▲ *Comienza con la baqueta de la mano derecha.*

2. Cuenta y toca

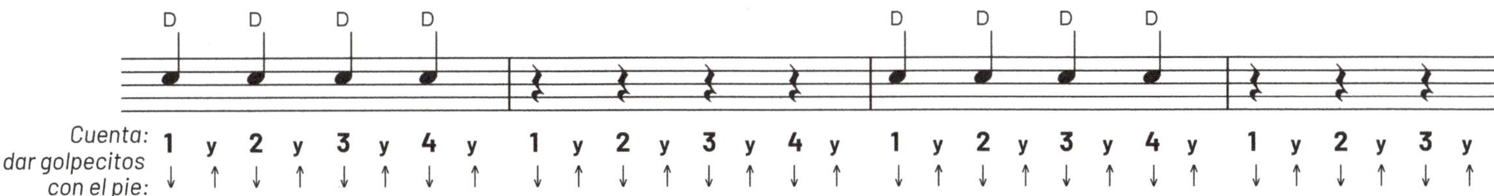

3. Una nota nueva

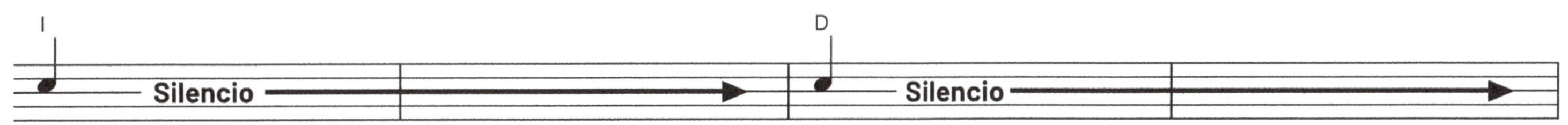

▲ *Toca según la indicación.*

4. Dos son un equipo

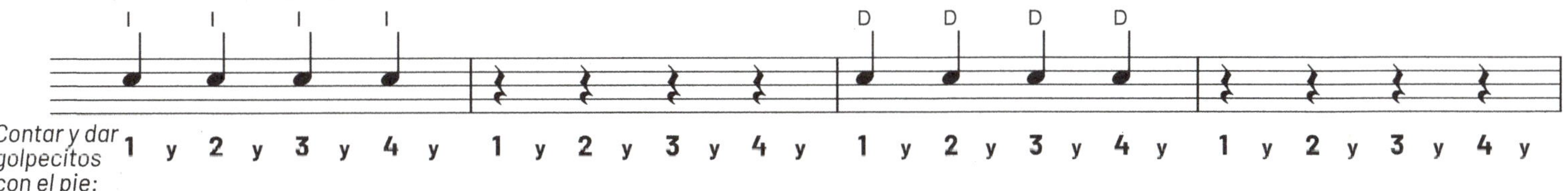

5. Hacia abajo *Mantente siempre erguido y con la espalda recta, con los hombros relajados.*

6. Avanzando hacia arriba

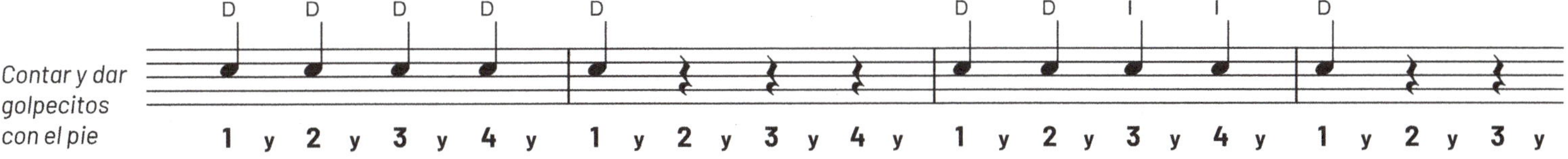

TEORÍA

Clave común

Indica una nueva línea de música y un conjunto de nombres de notas. Los instrumentos de percusión utilizan tres claves comunes.

Clave de percusión

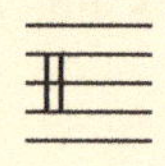

- Caja
- Bombo
- Platillos
- Batería
- Instrumentos accesorios

Clave de sol

- Campanas (Bells)
- Xilófono
- Marimba
- Vibráfono
- Carillón (Chimes)

Clave de fa

- Timpani
- Marimba
- Publicaciones antiguas de caja y bombo

TEORÍA

Compás (Tiempo)

Parece una fracción. El número de arriba indica cuantos pulsos por compás y el número de abajo indica que tipo de nota recibe un solo pulso.

= **4 pulsos** por cada compás
= **La nota negra** recibe un solo pulso

Nombre de notas

Cada nota aparece sobre una linea o en un espacio del pentagrama. Los nombres de estas notas son indicados por la clave.

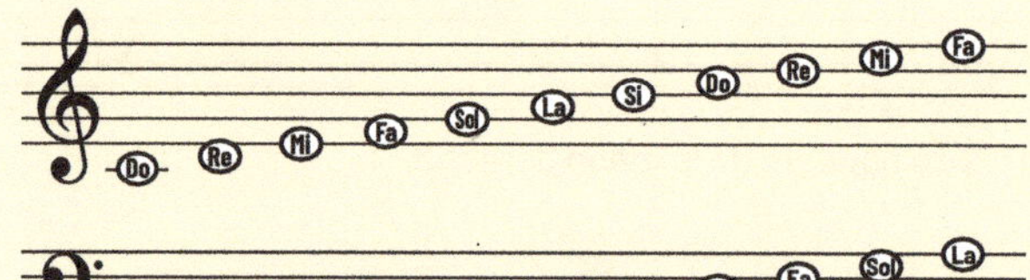

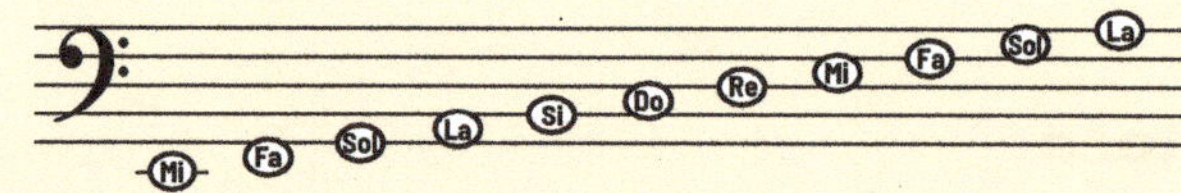

Sostenido ♯ sube el tono de una nota por medio paso y su efecto dura el compás entero.

Bemol ♭ baja el tono de una nota por medio paso y su efecto dura el compás entero.

Becuadro ♮ cancela un sostenido o bemol y su efecto dura el compás entero.

Percusión de teclado

Esta tabla te ayudará a tocar las notas en las campanas de orquesta. Practica todos los ejercicios con otros percusionistas usando los instrumentos de percusión de teclado al final de este libro. ¡Cambia de parte con frecuencia!

Fa♯/Sol♭ Sol♯/La♭ La♯/Si♭ Do♯/Re♭ Re♯/Mi♭ Fa♯/Sol♭ Sol♯/La♭ La♯/Si♭ Do♯/Re♭ Re♯/Mi♭ Fa♯/Sol♭ Sol♯/La♭ La♯/Si♭

Fa Sol La Si Do Re Mi Fa Sol La Si Do Re Mi Fa Sol La Si Do

7. El largo plazo

8. Cuatro por cuatro *Practica comenzando con la mano derecha según lo indicado.*

9. La llegada

10. Los fabulosos cincos *Mano derecha líder*

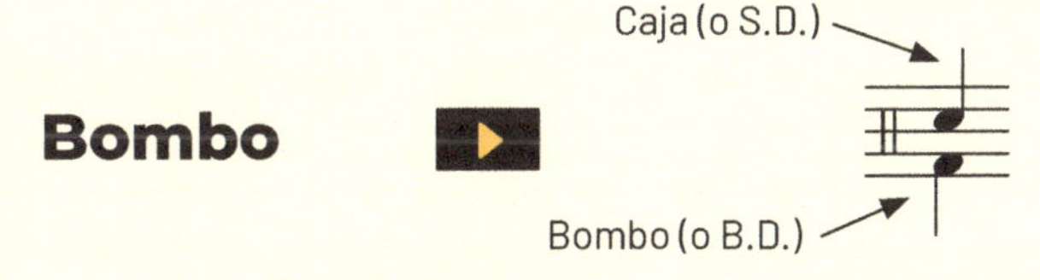

El bombo es uno de los instrumentos más importantes de la banda. Sostén la maza de bombo con la mano derecha (agarre paralelo). Coloca la mano izquierda sobre el parche opuesto a la zona de golpeo. Golpea el bombo a la mitad entre el centro y el aro superior, sacando el sonido hacia afuera del instrumento.

11. Leyendo las notas *Compare esto al ejercicio #10 (Los fabulosos cincos)*

12. Primer vuelo

13. Essential Elements: Prueba *Escribe los nombres de las notas que faltan antes de empezar a tocar.*

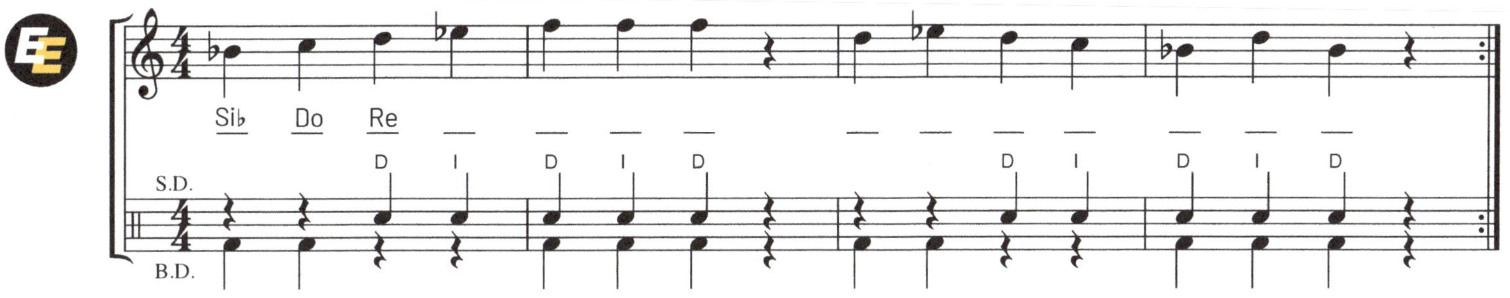

14. Rodando

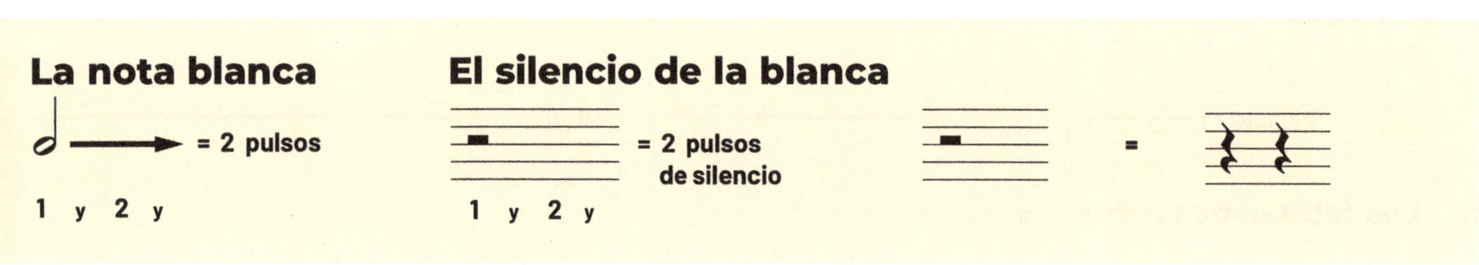

15. Rap de ritmo *Tocar el ritmo con palmadas mientras contando y dando golpecitos.*

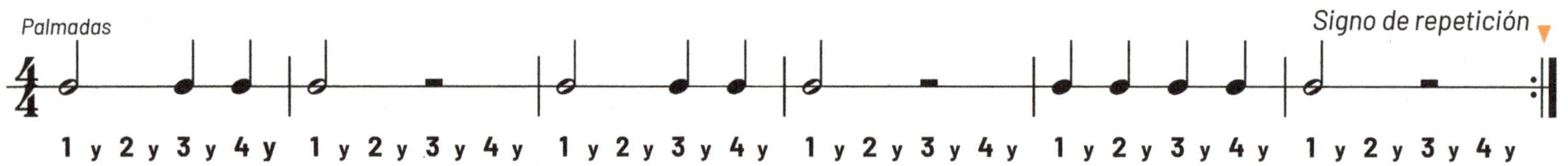

Manos alternadas Un patrón de golpes mano a mano que normalmente comienza con la mano derecha.

Bombo Cuando toques medias notas, usa un golpe más lento para sacar el sonido del bombo.

16. La blanca cuenta *Practica las manos alternadas según lo indicado.*

17. Panecitos calientes

18. Díselo a tía Rhodie

Canción folclórica estadounidense

19. Essential Elements: Prueba *Usando los nombres de las notas y los ritmos que aparecen debajo, dibuja tus notas en el pentagrama antes de empezar a tocar.*

La nota redonda

El silencio de la redonda

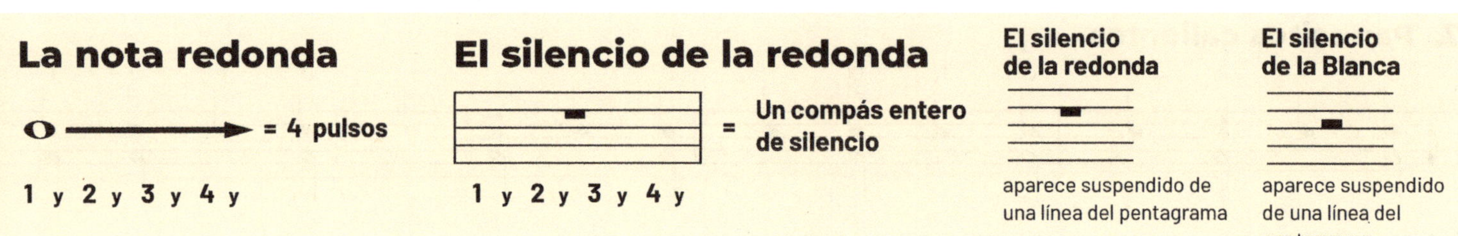

El silencio de la redonda aparece suspendido de una línea del pentagrama

El silencio de la Blanca aparece suspendido de una línea del pentagrama

20. Rap de ritmo
Tocar el ritmo con palmadas mientras contando y dando golpecitos.

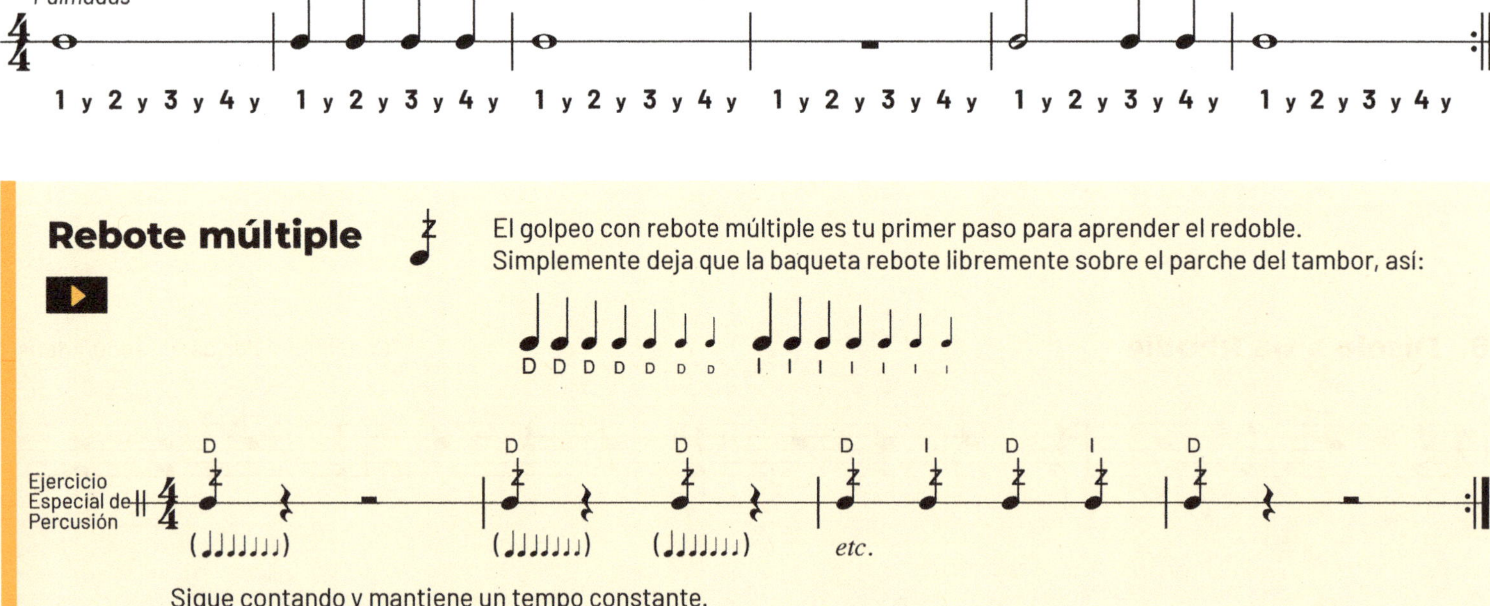

Rebote múltiple

El golpeo con rebote múltiple es tu primer paso para aprender el redoble. Simplemente deja que la baqueta rebote libremente sobre el parche del tambor, así:

Sigue contando y mantiene un tempo constante.

21. La redonda entera
Practica este ejercicio con golpes alternos.

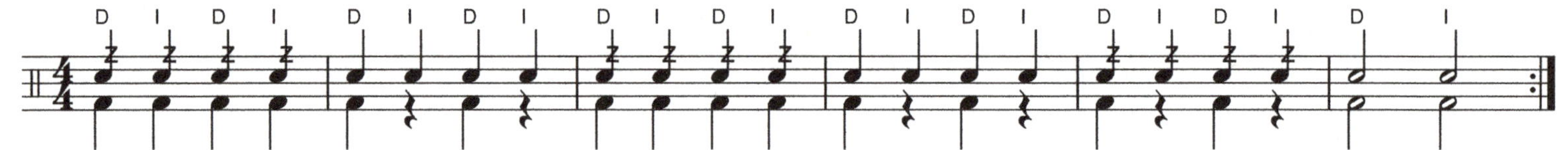

Dúo Una composición con dos tocados juntos diferentes.

Bombo Cuando toques notas enteras, usa un golpe muy lento y largo para sacar el sonido.

22. Decisión dividida – dùo
Toca tu parte de percusión mientras los metales y maderas tocan sus partes en dúo.

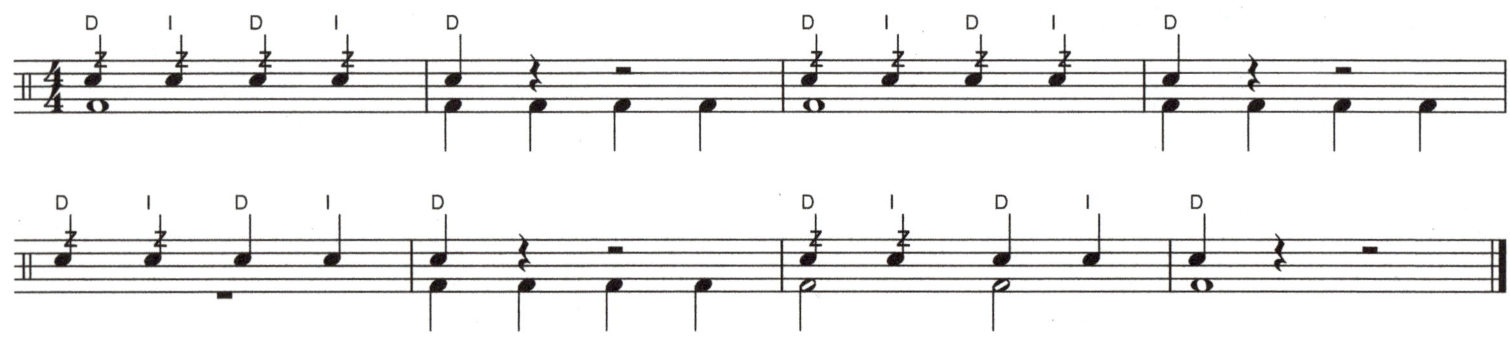

Armadura

Al tocar percusión de teclado, la **armadura** nos dice cuáles notas tocar con sostenidos (♯), o bemoles (♭) en la música. Tu armadura indica la Clave de Sí bemol (B♭) - toca todas las notas "Sí" y tambien "Mí" como bemoles (♭).

TEORÍA

23. Pasos de marcha

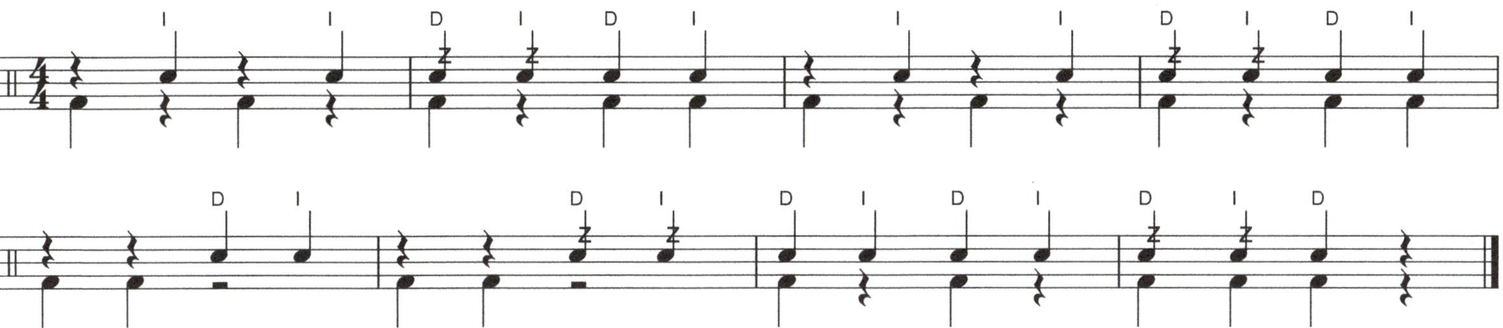

24. Escuchar a nuestras secciones

25. Suavemente rema *Anota tu golpeo antes de tocar.*

26. Essential Elements: Prueba *Dibuja las líneas que dividen cada compás antes de empezar a tocar.*

Calderón

Sostener la nota (o silencio) por más tiempo que lo normal.

Redobles básicos

Los redobles básicos son las técnicas fundamentales para tocar la caja. Debes practicar y memorizar los redobles básicos para mejorar tu habilidad. El flam es tu primer redoble básico.

El Flam

La nota pequeña es una nota de adorno. No tiene valor rítmico y suena justo antes de la nota regular o principal. La nota principal suena en el tiempo.

Flam de mano derecha

Sostén la baqueta izquierda aproximadamente a 2 pulgadas (5 cm) sobre el parche del tambor. Sostén la baqueta derecha en la posición "arriba". Mueve ambas baquetas a la misma velocidad. La baqueta izquierda golpeará el tambor justo antes que la derecha. Deja que la baqueta izquierda rebote hasta la posición "arriba" y que la baqueta derecha rebote hasta la posición de 2 pulgadas.

Flam de mano izquierda

Sostén la baqueta derecha aproximadamente a 2 pulgadas (5 cm) sobre el parche del tambor. Sostén la baqueta izquierda en la posición "arriba". Mueve ambas baquetas a la misma velocidad. La baqueta derecha golpeará el tambor justo antes que la izquierda. Deja que la baqueta derecha rebote hasta la posición "arriba" y que la baqueta izquierda rebote hasta la posición de 2 pulgadas.

Un **flam** produce un sonido ligeramente más largo que una nota regular (un golpe). Escucha la diferencia entre los flams y los golpes simples.

27. Llegando más alto

28. El claro de la luna

Canción folclórica francesa

29. Remezcla

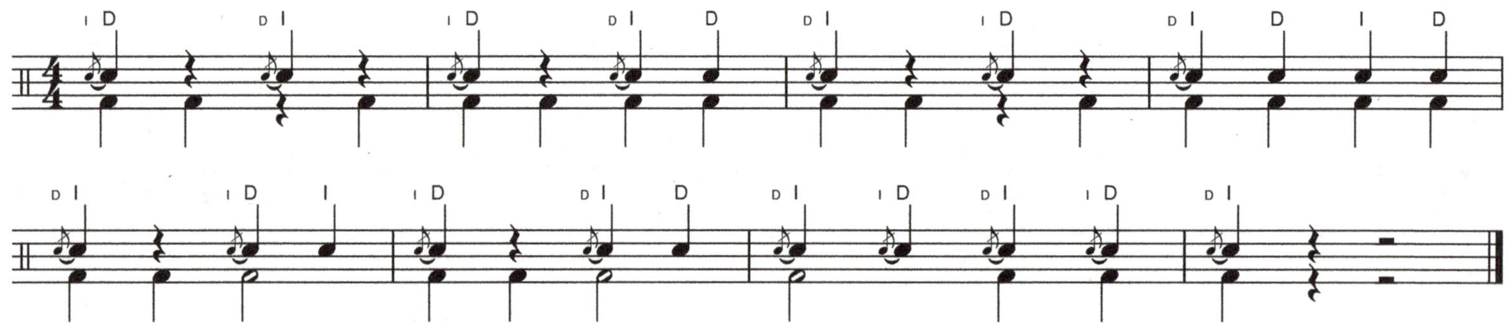

Armonía Dos o más notas tocadas juntas; Cada combinación forma un *acorde*. Escucha la armonía de la banda mientras tocas. TEORÍA

30. El puente de Londres

Anota tu golpeo antes de tocar. Canción folclórica inglesa

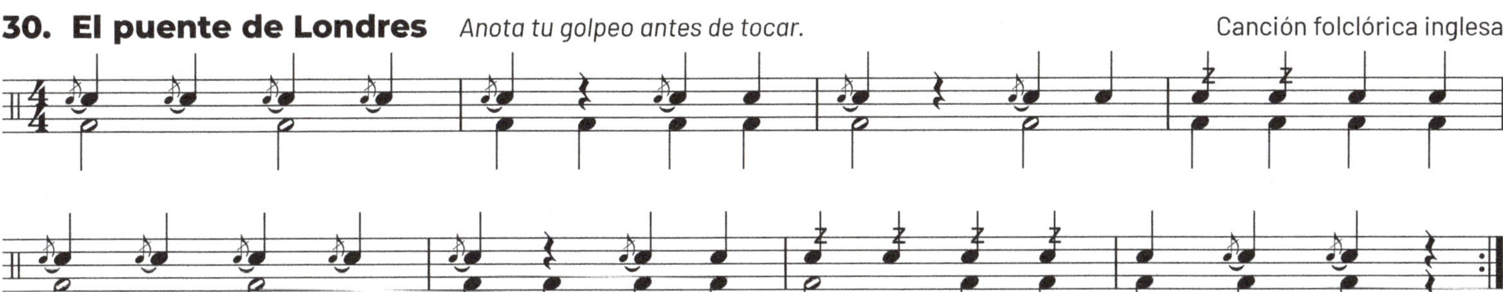

Compositor Austriaco **Wolfgang Amadeus Mozart** (1756–1791) fué un niño prodigio quien empezó tocando música profesionalmente a los seis años y vivió durante el tiempo de la revolución americana. La música de Mozart es muy melódica e imaginativa. Escribió mas de 600 composiciones durante su corta vida, incluyendo una pieza para el piano basado en la famosa canción, "Twinkle, Twinkle, Little Star." HISTORIA

Triángulo **El triángulo** debe estar suspendido en un clip y sostenido a la altura de los ojos. Usa un macillo de metal y golpea el triángulo en el extremo abierto, en el lado opuesto. Para detener el sonido, toca el instrumento con los dedos. **Tri.** es la abreviatura de triángulo.

31. Una melodía de Mozart

Adaptación

32. Essential Elements: Prueba

Dibuja estos símbolos donde corresponden y escribe las notas antes de empezar a tocar:

Nota corchea y silencio de corchea

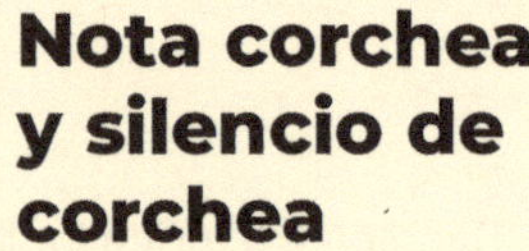

Cada corchea o silencio = 1/2 pulso
2 corcheas o silencios = 1 pulso

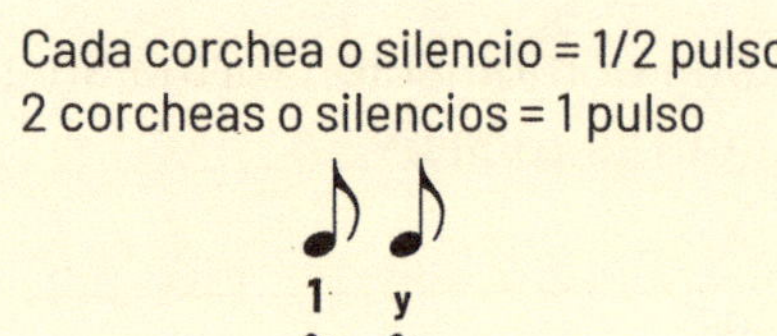

Dos o más notas corcheas son conectadas por una viga horizontal que atraviesa las plicas.

33. Bolsillos profundos

34. "Doodle" todo el día

Marca los golpes antes de tocar.

Golpe doble

Un patrón en el que se tocan dos notas consecutivas con la misma mano (D D I I, D D, I I) El doble golpe, es una habilidad importante para el redoblante.

35. Brinca soga

Sigue con atención la técnica del doble golpe y esfuérzate por lograr un sonido uniforme.

Notas preparatorias

Una o más nota(s) que vienen antes del primer compás *completo*.
Los pulsos de las notas preparatorias son removidos del último compás.

Rudimentos

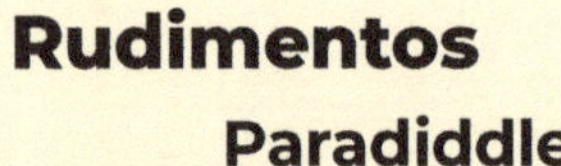

Paradiddle

Un rudimento de redoblante (ver compás 7).

36. A-tisket, a-tasket

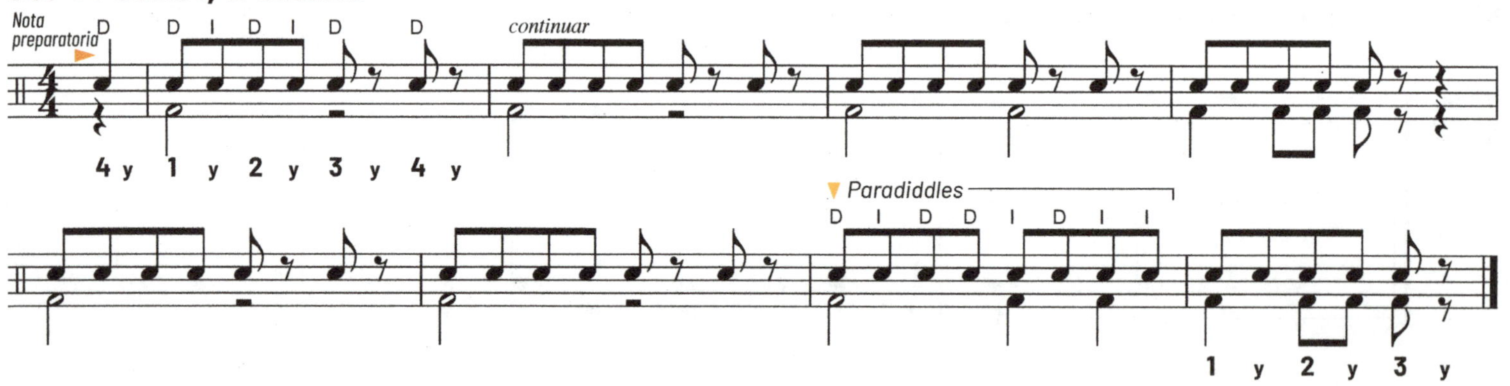

Indicadores de dinámicas

f - *forte* (tocar fuertemente)
mf - *mezzo forte* (tocar en volumen nivel mediana)
p - *piano* (tocar suavemente)

40. Rap de ritmo *Tocar el ritmo con palmadas mientras contando y dando golpecitos.*

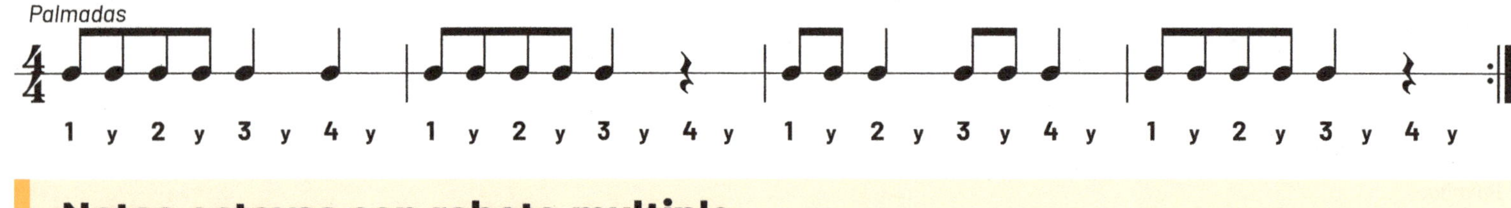

Notas octavas con rebote multiple

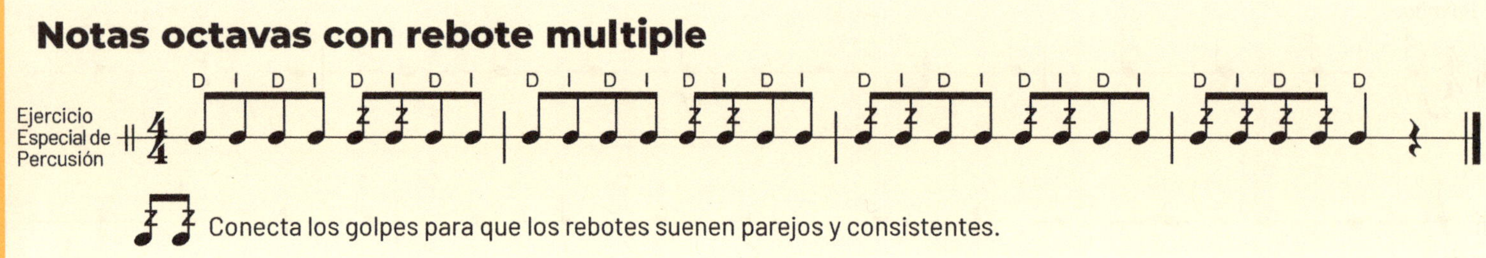

Conecta los golpes para que los rebotes suenen parejos y consistentes.

41. "Jam" de corcheas

Platillo suspendido

Un solo platillo suspendido en un atril. Siempre use baquetas de lana, no baquetas de timbal. **Sus. Cym.** es la abreviatura de platillo suspendido.

42. Saltar hacia mi Luis

Canción folclórica estadounidense

43. Hace mucho, mucho tiempo

Bloque de madera

Coloca la palma de la mano formando una cámara de resonancia debajo del bloque de madera.

Bloque de madera curvo: Golpea la parte superior cerca del centro con un mazo de goma dura o una baqueta de tambor pequeño, según sea necesario.

Bloque de madera plano: El mejor sonido se obtiene cerca del borde de la superficie superior, próximo al lado con la ranura abierta. Usa un mazo de goma dura o un mazo de xilófono de madera; las baquetas de tambor no producen un buen sonido en el bloque plano.

Wd. Blk. Es la abreviatura de "bloque de madera".

44. Rock de Montaña Caramelo

Compositor Italiano **Gioachino Rossini** (1792–1868) empezó a escribir música en su adolescencia y era muy competente tocando el piano, la viola y el corno. Rossini compuso "William Tell" a los 37 años como su último de sus 40 óperas, y su tema familiar se oye todavía en televisión y radio.

HISTORIA

Platillos Crash

Se tocan golpeando los platillos entre sí o con baquetas especiales según el efecto deseado. Los platillos crash producen un sonido fuerte y explosivo que se utiliza para acentuar ritmos o cambios en la música. Para un mejor sonido, asegúrate de que los bordes de los platillos se encuentren de manera ligeramente inclinada al golpearlos, evitando que choquen completamente planos.

Choke = amortiguar (o detener) el sonido de inmediato.

Cr. Cym. es la abreviatura de platos crash

45. Essential Elements: Prueba – William Tell

Gioachino Rossini

TEORÍA

Compás de 2/4

= **2 pulsos** por cada compás
= **Nota negra** vale 1 pulso

Dirigiendo

Practica dirigir este patrón de dos pulsos

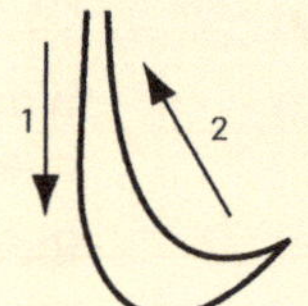

46. Ritmo rap

Palmadas

Rudimentos

Golpe Flam

Después de tocar un flam, toca un golpe simple (tap), siempre con la mano baja. Esto mantendrá tus manos correctamente posicionadas para el resto del ejercicio. Recuerda, un golpe simple (tap) se toca con la baqueta más cercana a la cabeza del tambor.

Solo

En la música de conjunto, Solo indica un pasaje donde un instrumento toma el papel principal. En el siguiente ejercicio, el Bombo se destaca en los lugares marcados como Solo.

47. De dos en dos

Ten cuidado de mantener el mismo tempo al pasar de los flam taps (compases 1 y 2) a los flams regulares en el compás 3.

Indicadores de tempo

"Tempo" es la velocidad de la música. Marcas de tempo generalmente se escriben sobre el pentagrama, en italiano.

Allegro - Tempo rápido **Moderato** - Tempo mediana **Andante** - Ritmo de marcha o caminar más lento

48. Marcha de cadetes secundarios

John Philip Sousa

Usa un movimiento más lento en los platillos crash de blancas.

Pandereta

Sujeta la pandereta firmemente en la mano izquierda con un ligero ángulo hacia arriba.
La mano derecha golpea la membrana del instrumento de acuerdo con la dinámica indicada.

- Para sonidos suaves y ligeros, usa una o dos yemas de los dedos cerca del borde de la membrana.
- Para sonidos medios, usa la punta de todos los dedos a un tercio del camino desde el borde hacia el centro.
- Para sonidos fuertes, golpea con los nudillos sobre la membrana, a la mitad del camino entre el borde y el centro.

Usa un movimiento similar al de tocar la puerta.

49. ¡Oye! Nadie esta en casa

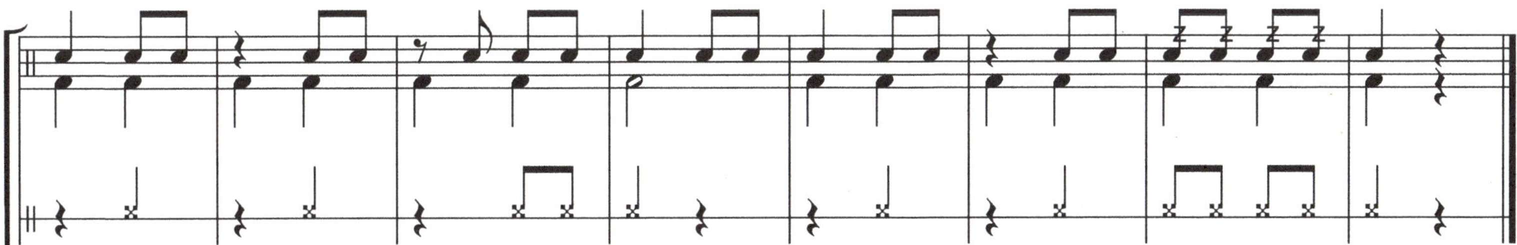

Dinámicas

Crescendo
(gradualmente aumentando el volumen)

Decrescendo o *Diminuendo*
(gradualmente reduciendo el volumen)

50. Toca las dinámicas con palmadas

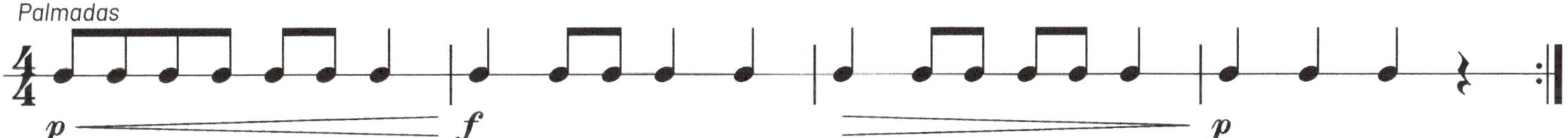

Redoble en platillo suspendido

Con mazos de lana sobre un platillo suspendido, utiliza una serie rápida de golpes alternados en los bordes opuestos del platillo (3 y 9 en punto). Aumenta la velocidad del redoble para lograr un crescendo efectivo.

51. Toca las dinámicas

¿Buscas más música divertida para tocar? Consulte la portada interior para obtener instrucciones sobre cómo acceder a las canciones adicionales populares y recientes.

RENDIMIENTO DESCATADO

52. Calentamientos

Estudio de ritmo

Rap de ritmo

Recuerda: la forma en que tu mano golpea la pandereta está determinada por la dinámica.

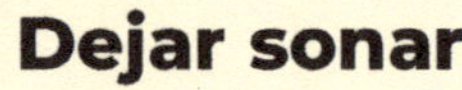

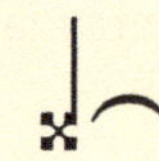

Deja que el sonido continúe "sonando" sin detenerse.
Es una indicación común para el triángulo.

Coral

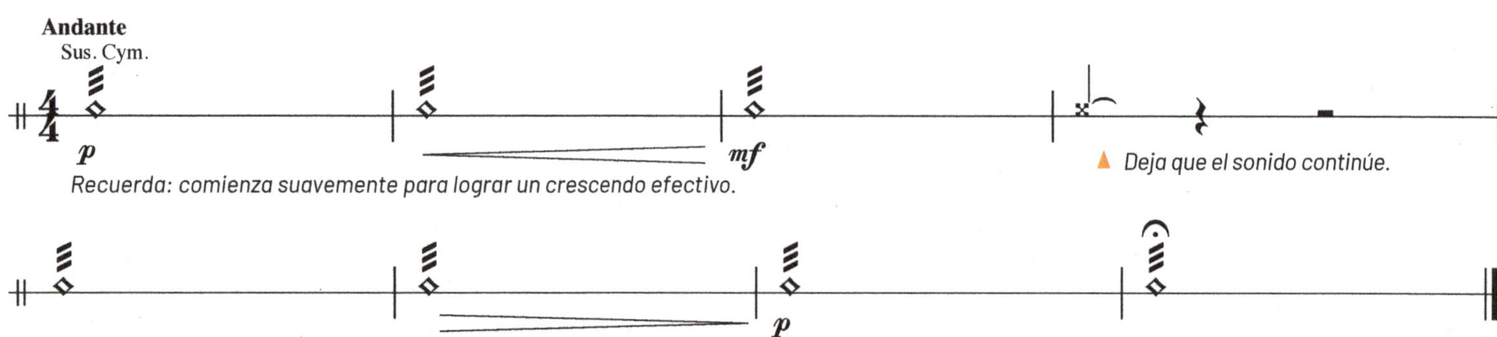

Triángulo

Golpear el lado opuesto al extremo abierto producirá un sonido "fundamental".
Golpear la pata inferior producirá un sonido con más armónicos (resonante).
Escucha a la banda y decide qué sonido funciona mejor con la música. ¡La elección es tuya!

53. Aura Lee – dúo o arreglo para banda

George R. Poulton

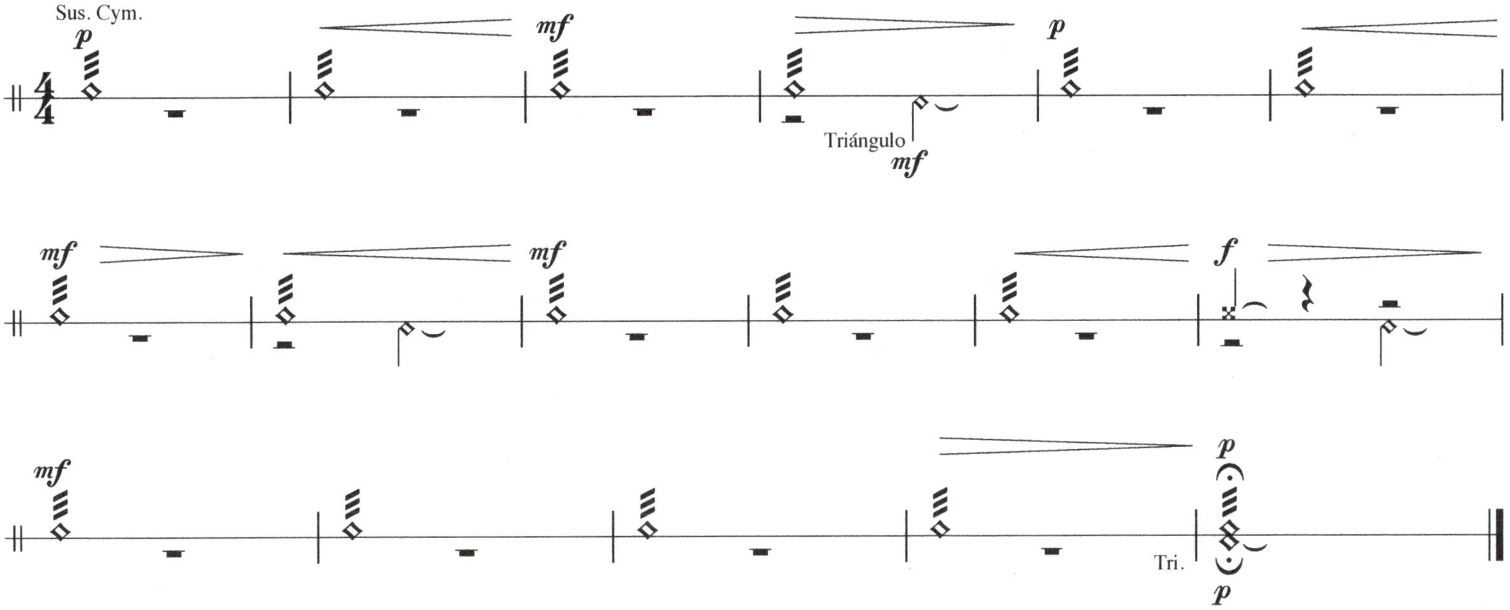

Sus. Cym. *p* *mf* *p* Triángulo *mf* *mf* *mf* *f* *mf* Tri. *p* *p*

54. Frère Jacques – Canon *(Cuando el grupo A llega a ②, el grupo B comienza en ①)*

Canción folclórica francesa

Moderato

① ② S.D. B.D. *mf* Wd. Blk. *mf* *f* *f*

RENDIMIENTO DESCATADO

55. Cuando los santos entran marchando – arreglo de banda

Arr. por John Higgins

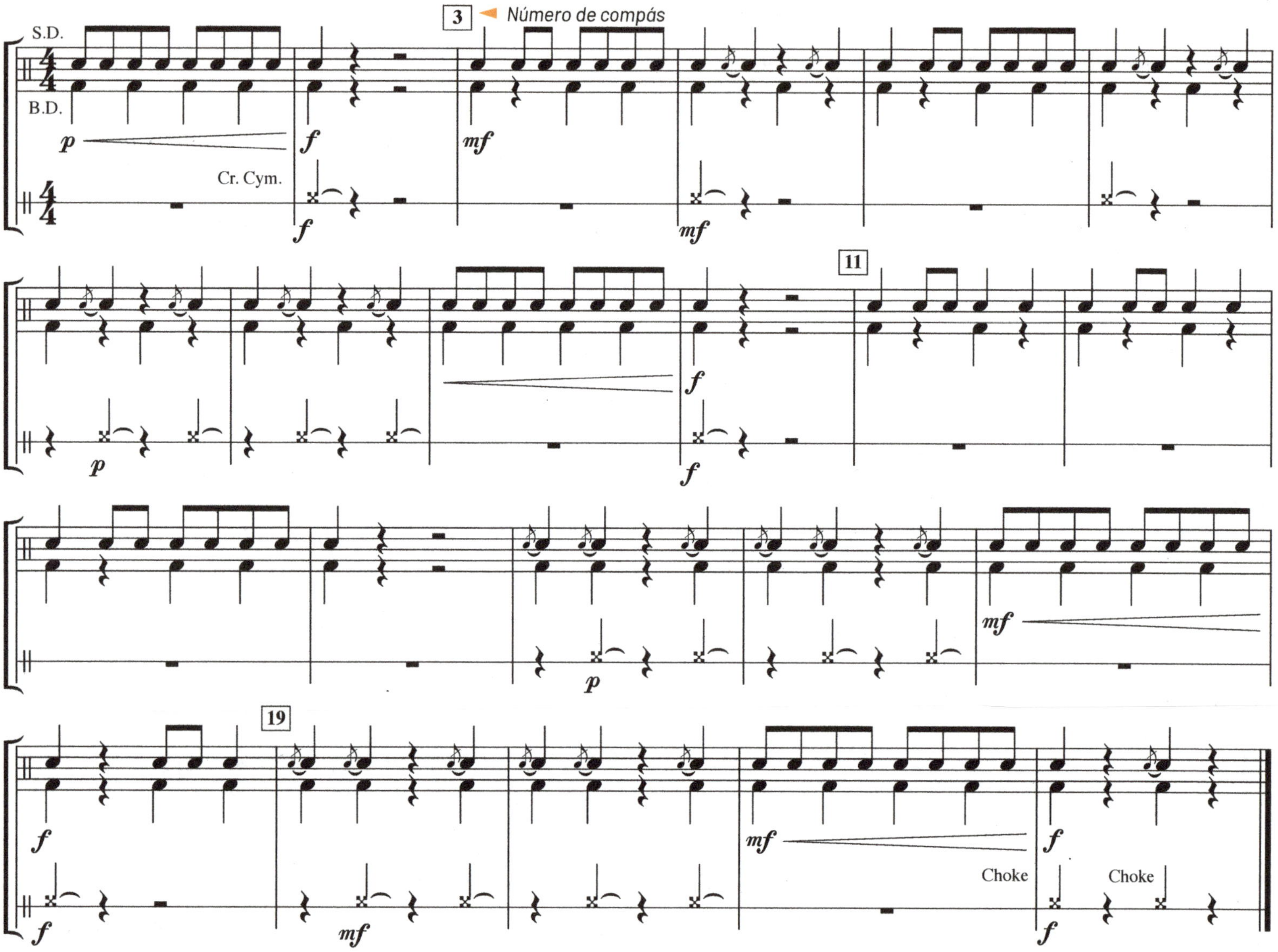
Número de compás
S.D.
B.D.
Cr. Cym.
3
11
19
Choke
Choke

Platillo suspendido con baquetas

Al tocar el platillo suspendido con baquetas, el mejor sonido generalmente se obtiene a un tercio o a la mitad de la distancia entre el borde y la cúpula.

56. Viejo MacDonald tenía una banda – presentación para secciones

Allegro
S.D.
B.D.
Sus. Cym. con baquetas
9
Sus. Cym.
Wd. Blk.

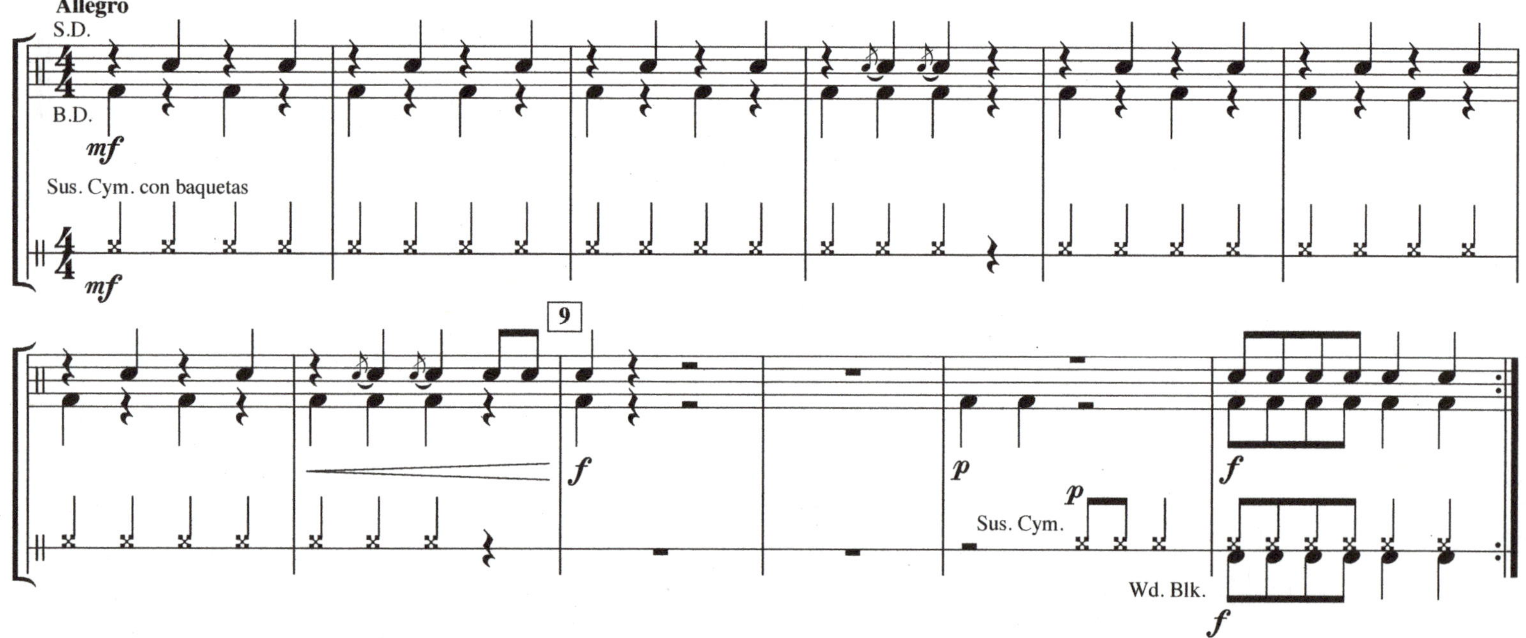

Después de repetir, pasa a la siguiente página.

57. Himno a la alegría (de la Sinfonía n.º 9)

Ludwig van Beethoven
Arr. por John Higgins

58. Blues de "rock" duro – bis

John Higgins

Ligadura

Percusión afinada
(Teclado y timbales)

Una línea curva que conecta notas del mismo tono. Toca una nota durante el tiempo total de las notas.

Percusión no afinada
(S.D., B.D., Tamb., Cym., etc.)

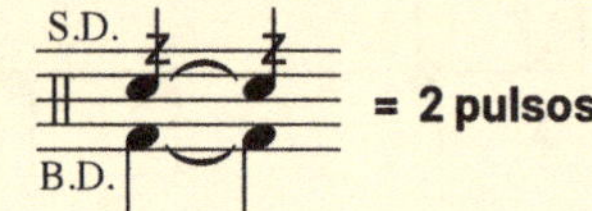

Una línea curva que conecta dos notas en la misma línea o espacio del pentagrama. Toca una sola nota durante la duración combinada de las notas ligadas.

59. Listo para ser ligados

60. Alouette

Canción folclórica francocanadiense

Nota blanca con puntillo

Puntillo

Un puntillo añade la mitad del valor de la nota.

61. Alouette – la secuela

Canción folclórica francocanadiense

62. Está lloviendo *Practica los flam taps en este ejercicio.*

63. Rumbos nuevos

64. Los nobles

65. Essential Elements: Prueba

TEORÍA

$\frac{3}{4}$ Compás (Ligadurampo)

𝄆 $\frac{3}{4}$ = **3 pulsos** por cada compás
= **Nota Negra** recibe un pulso

Dirigiendo

Practica dirigir esta patrón de 3 pulsos

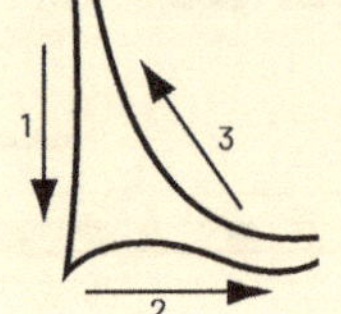

66. Ritmo rap

Palmadas

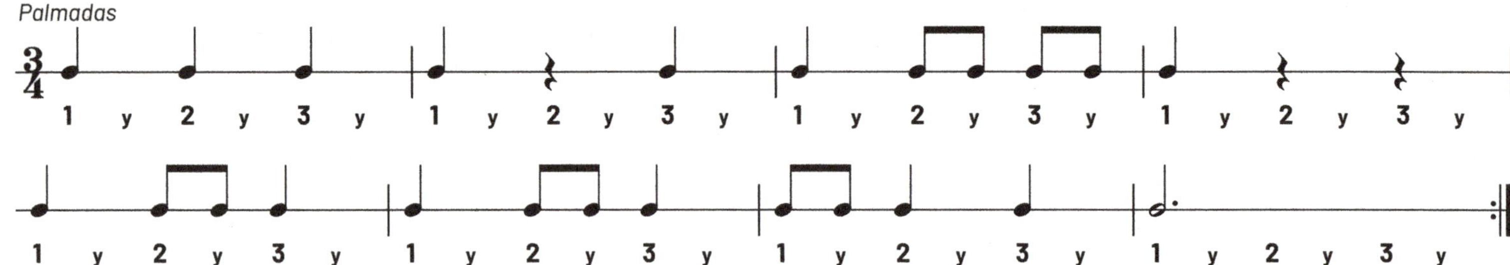

Rudimento

Doble Paradiddle

67. Jam de tres pulsos

68. Barcarolle

Jacques Offenbach

HISTORIA

El compositor noruego **Edvard Grieg** (1843-1907) escribió *Peer Gynt Suite* para una obra de teatro de Henrik Ibsen en 1875, un año antes de que el teléfono fue inventado por Alexander Graham Bell. "Morning" es una melodía de *Peer Gynt Suite*. La música utilizada en obras de teatro o películas se denomina **música incidental**.

Rudimento

Acento de Flam

Después de tocar un flam, toca dos golpes, siempre con la mano alta. Esto mantendrá tus manos correctamente posicionadas.

69. Mañana (Peer Gynt)

Edvard Grieg

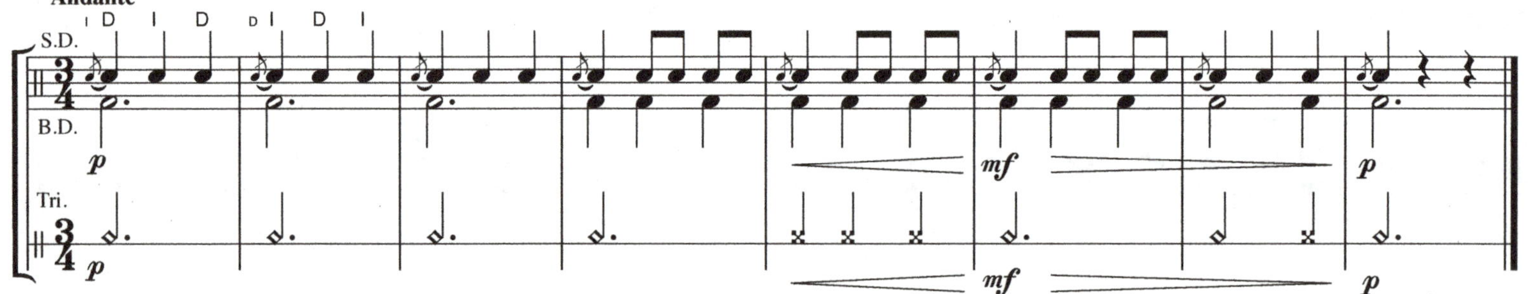

Signo de acentuación

Enfatiza la nota.

70. Acentúa tu talento

Palmadas

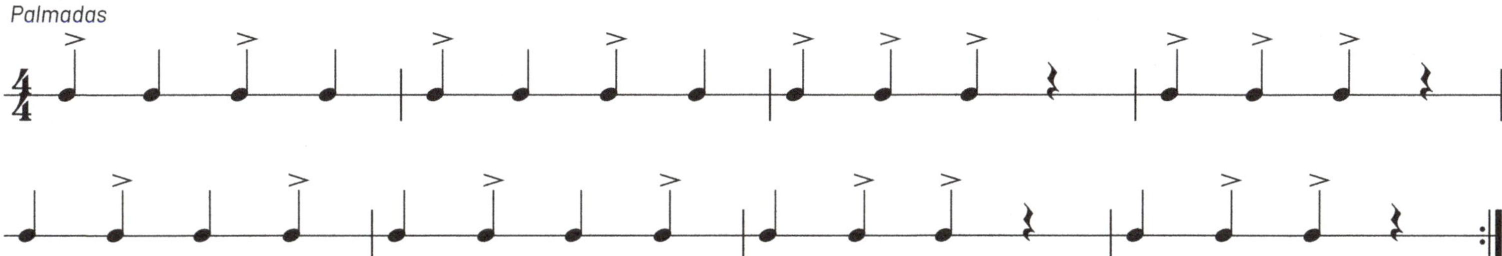

HISTORIA

La música latinoamericana tiene sus raíces en las culturas africana, nativa americana, española y portuguesa. Esta diversa música se caracteriza por vibrantes acompañamientos de tambores y otros instrumentos de percusión como maracas y claves. La música latinoamericana continúa influyendo la música de jazz, clásica y los estilos populares. "Chiapanecas" es una popular canción infantil de baile y juego.

Maracas

Sujeta las maracas por los mangos. Usa un movimiento corto y preciso de muñeca para agitarlas. Mantén un tempo constante.

Claves

Forma una cámara de resonancia ahuecando la mano izquierda. Sostén la clave de tono más grave en la mano izquierda. Usa la clave de la mano derecha para golpear el centro de la clave izquierda.

Golpe de aro

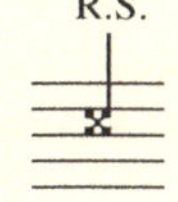

Coloca la punta de la baqueta izquierda en el centro del tambor. Apoya la baqueta sobre el aro y sujétala firmemente. Golpea con la baqueta derecha aproximadamente a un tercio de distancia de la punta de la baqueta izquierda. R.S. es la abreviatura de rim shot (golpe de aro).

71. Chiapanecas

Canción folclórica latinoamericana

72. Creatividad Esencial

Compone tu propia música para los compases 3 y 4 utilizando este ritmo:

Esta parte de percusión puede tocarse para acompañar la melodía de un miembro de la banda.

73. Panecitos calientes

74. Baile cosaca

75. Blues básico

TEORÍA

Armadura Nueva

La armadura de clave nos indica qué notas tocar con sostenidos o bemoles a lo largo de la música. Para percusión de teclado, esta armadura de clave indica la tonalidad de Fa: toca todos los Si como Si bemol.

Primeras y Segundas Terminaciones

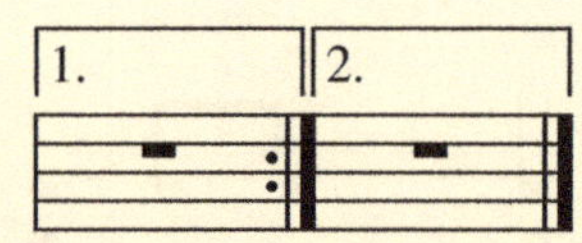

Toca la sección repetida hasta el final de la Primera Terminación. Repite la sección indicada, omitiendo la Primera Terminación y **saltando** a la Segunda Terminación.

76. Altos vuelos

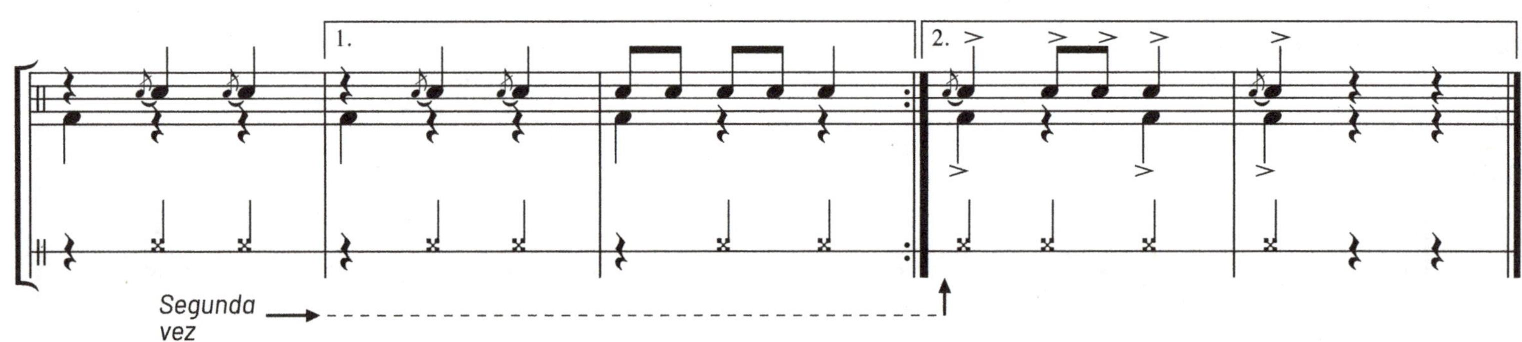

HISTORIA

La **música folclórica japonesa** en actualidad tiene sus orígenes en la antigua China. "Sakura, Sakura" se interpretaba con instrumentos como el **koto**,un instrumento de 13 cuerdas con más de 4000 años de antigüedad, y también con el **shakuhachi** o flauta de bambú. El sonido único de esta antigua melodía japonesa se debe a la secuencia pentatónica (o secuencia de cinco notas) utilizada en este sistema tonal.

Redoblante (Snare Drum) Apagar las bordoneras puede crear un sonido oscuro y efectivo, similar al de un tom-tom.

77. Sakura, sakura – arreglo de banda

Canción folclórica japonesa
Arr. por John Higgins

Cascabeles

Los cascabeles normalmente se agitan siguiendo el ritmo indicado. Sin embargo, los cascabeles montados en un mango pueden golpearse suavemente con el puño al compás, sosteniendo el instrumento perpendicular al suelo.

78. Sobre la azotéa

79. Alegre viejo San Nicolas *Recuerda enfatizar las notas con acento.*

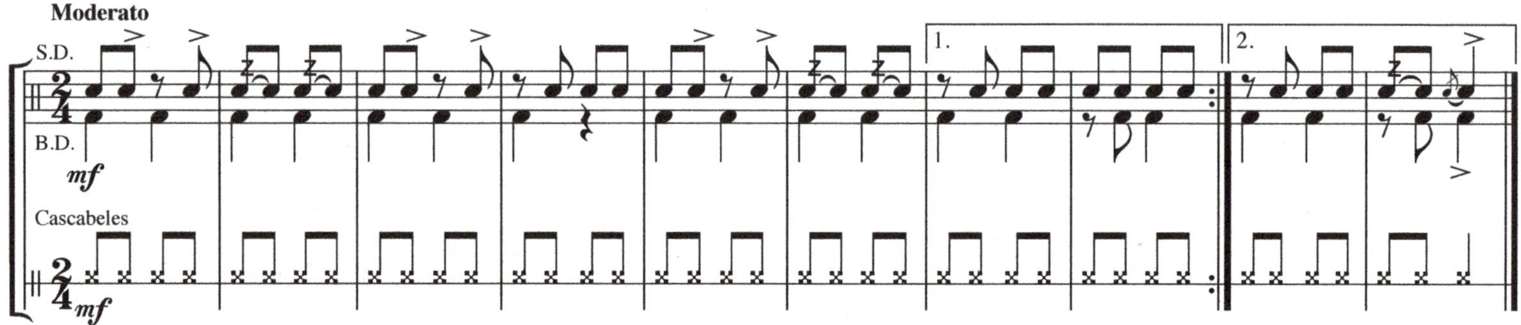

80. La gran corriente de aire

81. Tema de vals (Vals de la viuda alegre)

Franz Lehar

Semicorcheas

82. Tiempo de aire

Cuenta con cuidado y mantiene un tempo constante.

83. Allá por la estación

84. Essential Elements: Prueba

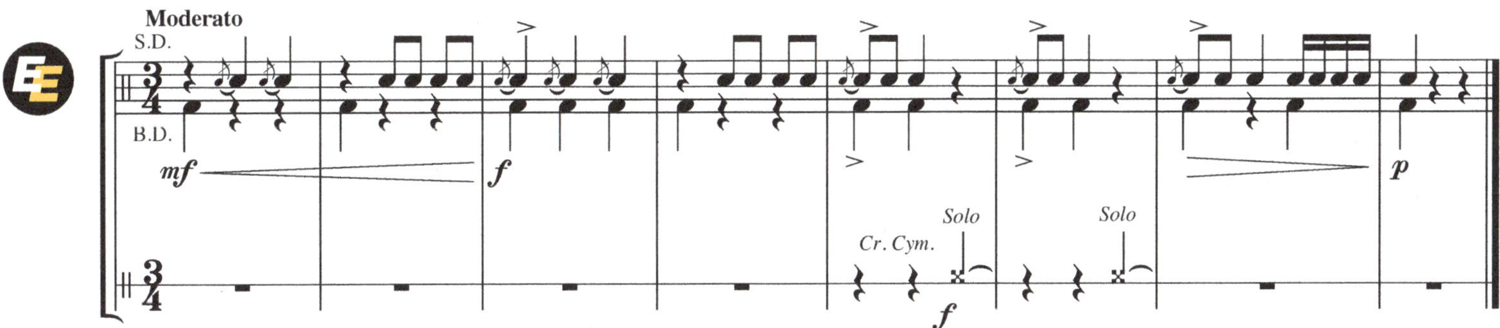

85. Creatividad Esencial

Improvisa tu propia parte para los compases 3-8 utilizando estos ritmos:

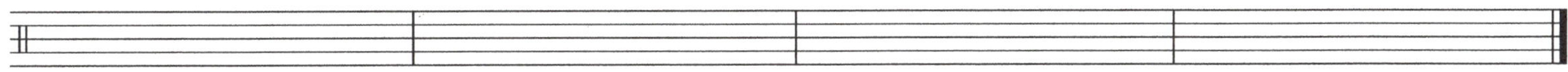

DESARROLLADOR DE TONO *Entrenamientos para tono y técnica*

86. Desarrollador de tono

87. Desarrollador de ritmo

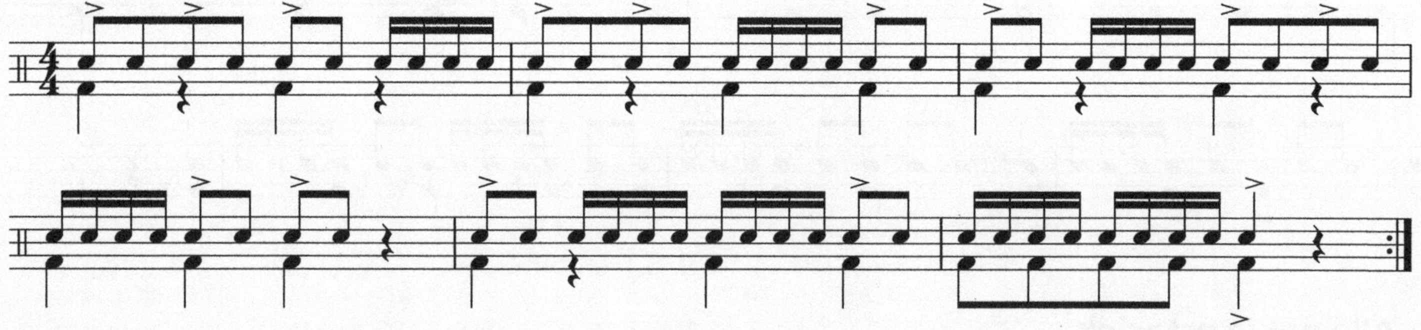

88. Ejercicios de técnica

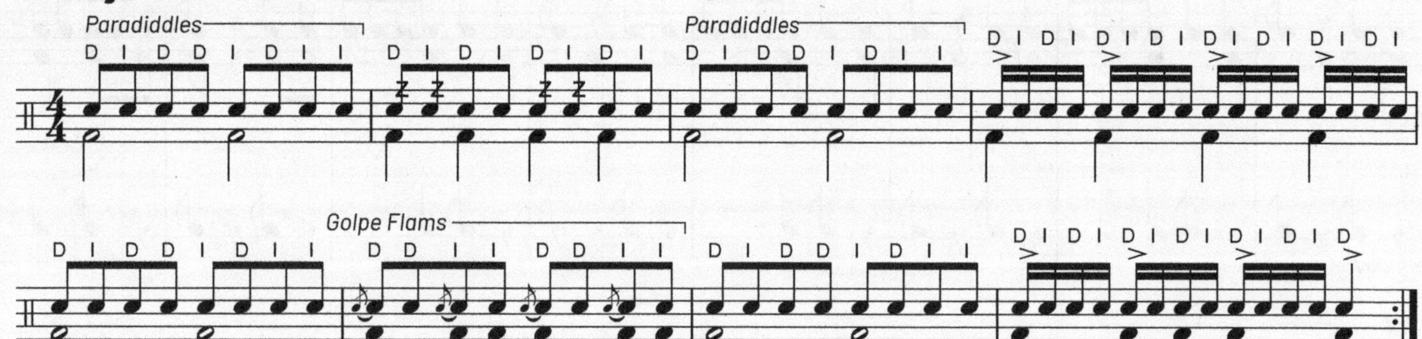

89. Coral *adaptado de la Cantata 147*

Johann Sebastian Bach

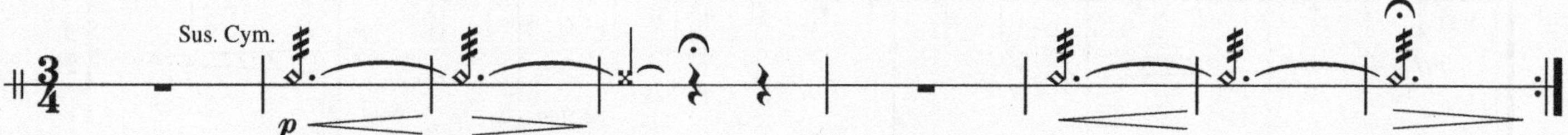

TEORÍA

Tema y variación

Una forma musical que presenta un **tema** o melodía principal, seguido por **variaciones** o versiones alteradas del tema.

90. Variaciones sobre un tema conocido
Tema
S.D.
B.D.
mf
(Cr. Cym.)
mf
Variación 1
Cambia al triángulo.
Tri.
mf
Variación 2
Cambia al platillo crash. (Cr. Cym.)
Cr. Cym.
mf
D.C. al Fine
En el D.C. al fine toca de nuevo desde el principio, deteniéndose en fine.
D.C. es la abreviación para Da Capo o "al principio" y fine significa el final.
Corchea y dos semicorcheas
un-do-tre-cua
= 1 tiempo
Subdivide cada tiempo en 4 partes iguales.
un-do-tre-cua
un-do-tre-cua un-do-tre-cua
91. Canción del barco banana
Canción folclórica caribeña
Moderato
Bordoneras apagadas
S.D.
B.D.
f
Maracas
f
Fine
mf
mf
mf
D.C. al Fine

92. Filo de navaja

93. La caja de música

HISTORIA

Las canciones **espirituales afroamericanas** se originaron en los 1700's a mediados del período de la esclavitud en Estados Unidos. Una de las categorías más grandes de la auténtica música folclórica estadounidense, estas canciones, principalmente religiosas, se cantaron y se transmitieron de generación en generación sin ser escritas. La primera colección de espirituales se publicó en 1867, cuatro años después de la promulgación de la Proclamación de Emancipación.

94. Ezekiel vió la rueda

Canción espiritual africana-americana

95. Operador hábil

▼ *Observa cómo cambió el patrón.*

96. Deslizando *Practica el "doble golpe" en este ejercicio.*

El ragtime es un estilo musical norteamericano popular desde la década de 1890 hasta la primera guerra mundial. Esta forma temprana de jazz dio fama a pianistas como "Jelly Roll" Morton y Scott Joplin, autores de "The Entertainer" y "Maple Leaf Rag". Sorprendentemente, el estilo se incorporó a algunas obras orquestales de Igor Stravinsky y Claude Debussy. Los trombones ahora aprenden a tocar el glissando, una técnica utilizada en el ragtime y otros estilos musicales.

HISTORIA

97. Rag de trombón

98. Essential Elements: Prueba

99. Tomar la delantera *Practica mano derecha al frente en este ejercicio.*

TEORÍA

Frase Una "oración" musical que comúnmente tiene 2 o 4 compases.
Los percusionistas deben igualar la dinámica de la banda.

100. El viento frío

101. Fraseología

TEORÍA

Silencios de compases multiples El número sobre en pentagrama indica cuantos compases completos requieren silencio.
Contar cada compás de silencio en secuencia:

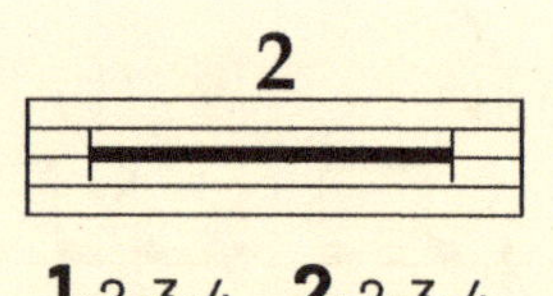

1-2-3-4 **2**-2-3-4

Simile *(sim.)* Continúa tocando en el mismo estilo.

102. Latin Satinado *Practica el doble golpe en este ejercicio.*

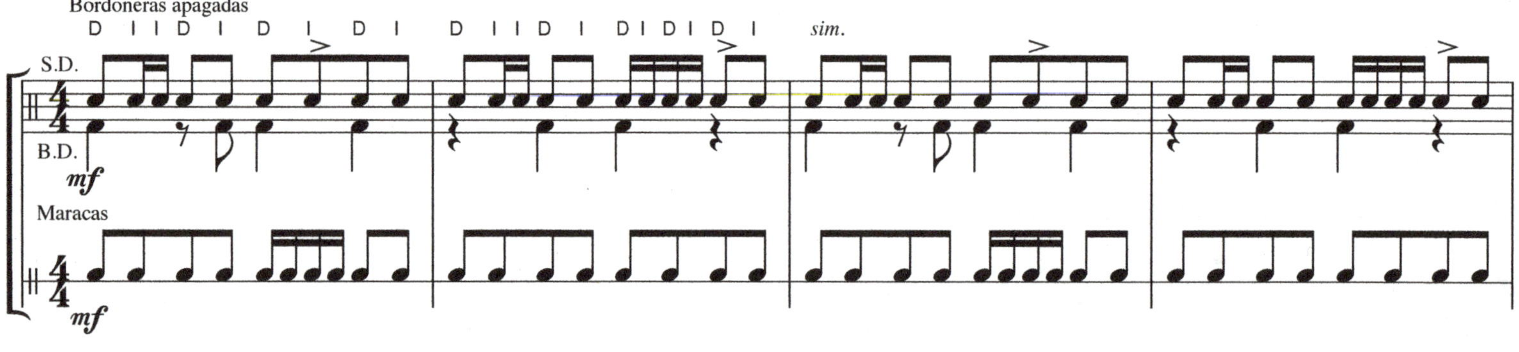

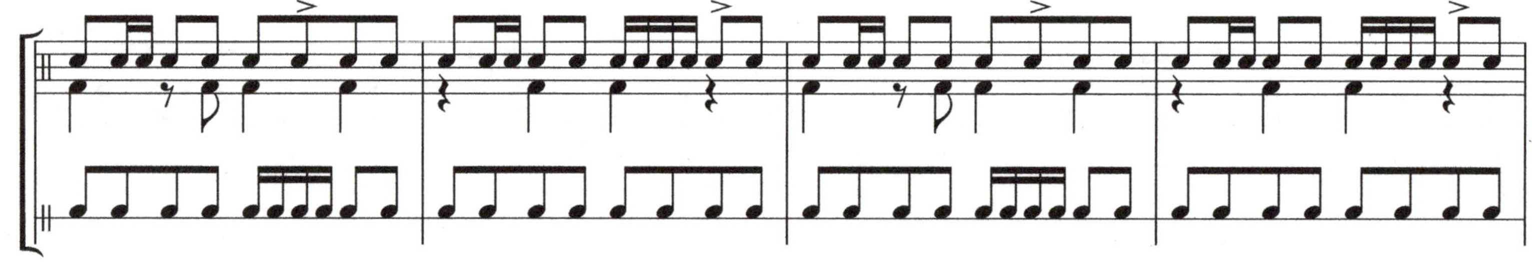

Continúa a la siguiente página.

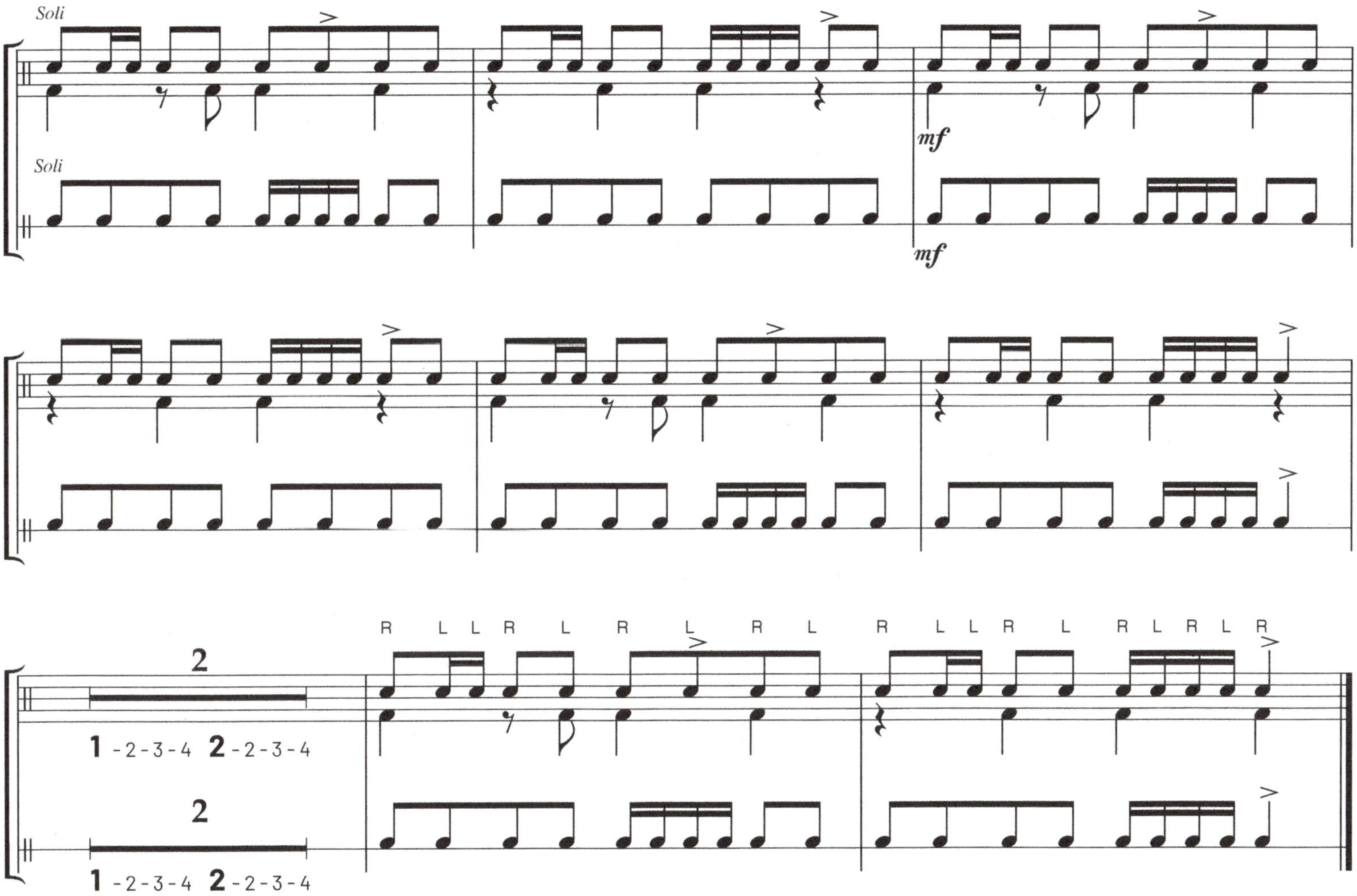
Soli
Soli
mf
mf
2
1 - 2 - 3 - 4 2 - 2 - 3 - 4
2
1 - 2 - 3 - 4 2 - 2 - 3 - 4
R L L R L R L R L
R L L R L R L R L R

HISTORIA

El compositor alemán **Johann Sebastian Bach** (1685–1750) fue parte de una gran familia de músicos famosos y se convirtió en el compositor más reconocido de la época barroca. Comenzando como miembro del coro, Bach pronto se convirtió en organista, profesor y compositor prolífico, que escribió más de *600 obras* maestras. Este Minueto, o danza en compás de 3/4, fue escrita como una pieza didáctica para su uso con una forma temprana del piano.

103. Minuet

Johann Sebastian Bach

Moderato
Bordoneras encendidas
mf

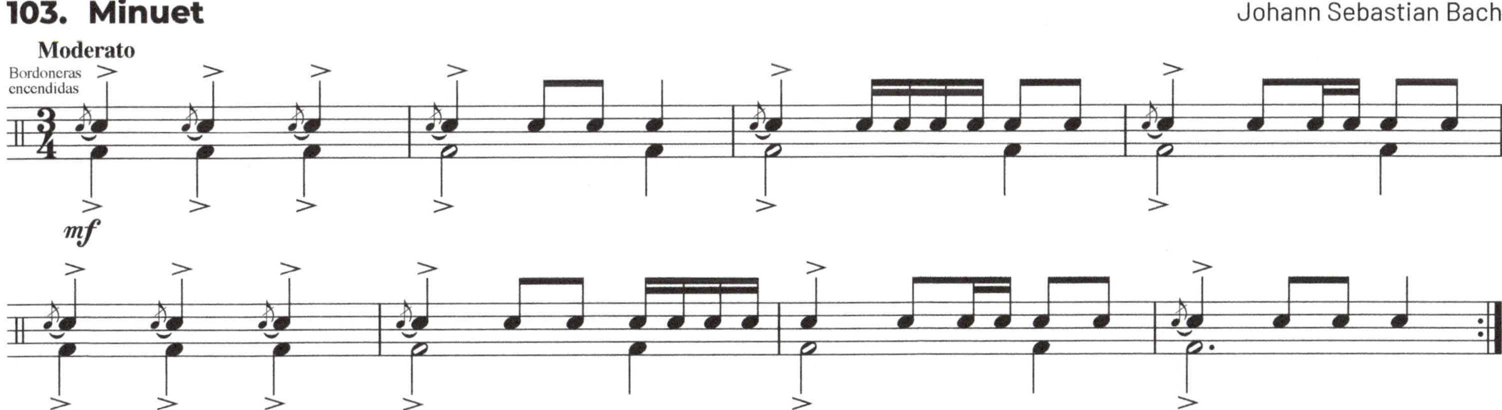

104. Creatividad Esencial

Esta melodía se puede tocar en 3/4 o 4/4. Dibuja a lápiz cualquiera de las dos compases, dibuja las líneas divisorias y toca la canción. Ahora borra las líneas divisorias y prueba con el otro compás. ¿Suenan diferentes las frases?

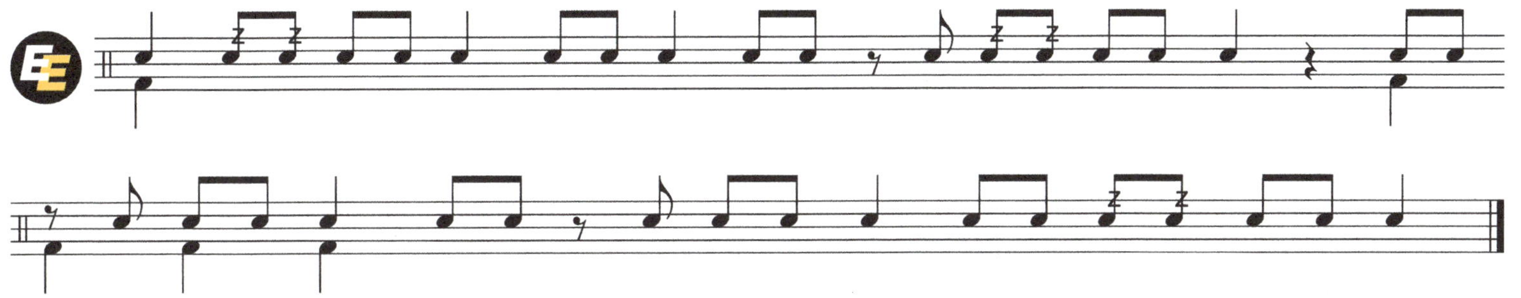

105. Naturalmente
Mano derecha líder

HISTORIA

El compositor austriaco **Franz Peter Schubert** (1797–1828) vivió una vida más corta que cualquier otro gran compositor, pero creó una increíble cantidad de música: más de 600 canciones artísticas (música de concierto para voz y acompañamiento), diez sinfonías, música de cámara, óperas, obras corales y piezas para piano. Su "Marcha militar" fue originalmente un dúo de piano.

TEORÍA

Repetición de un compás

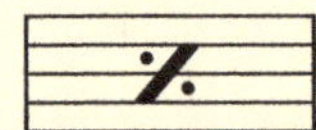

Repite el compás anterior.

106. Marcha militar
Practica el "doble golpe" en este ejercicio.

Franz Schubert

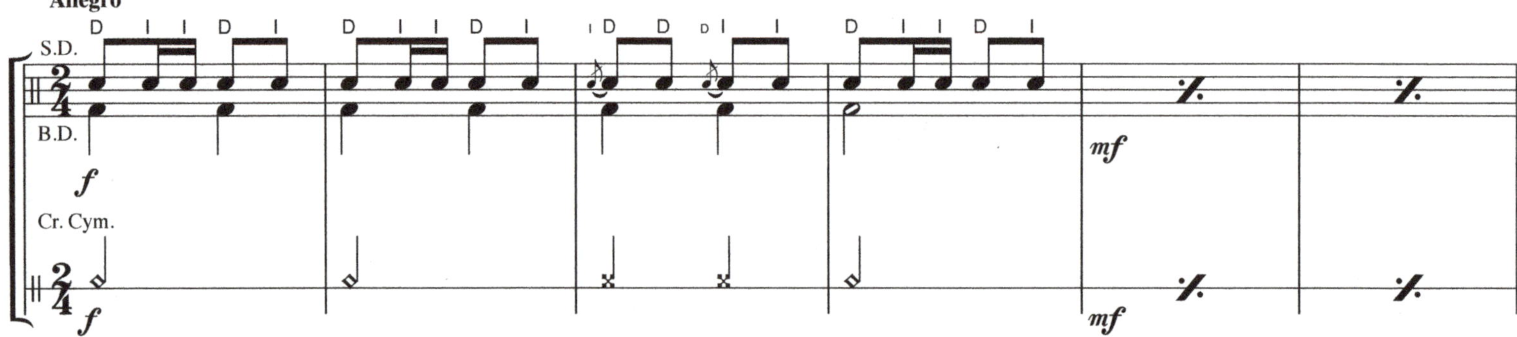

107. La zona plana

108. Encima de viejo Smokey

Canción folclórica estadounidense

El **boogie-woogie** es un estilo de **blues**, y fue grabado por primera vez por el pianista Clarence "Pine Top" Smith en 1928, un año después del vuelo en solitario de Charles Lindbergh a través del Atlántico. La música blues, como una forma de jazz, presenta notas alteradas y generalmente se escribe en versos de 12 compases, como "Boogie del bajo de abajo".

HISTORIA

109. Boogie del bajo de abajo – dúo

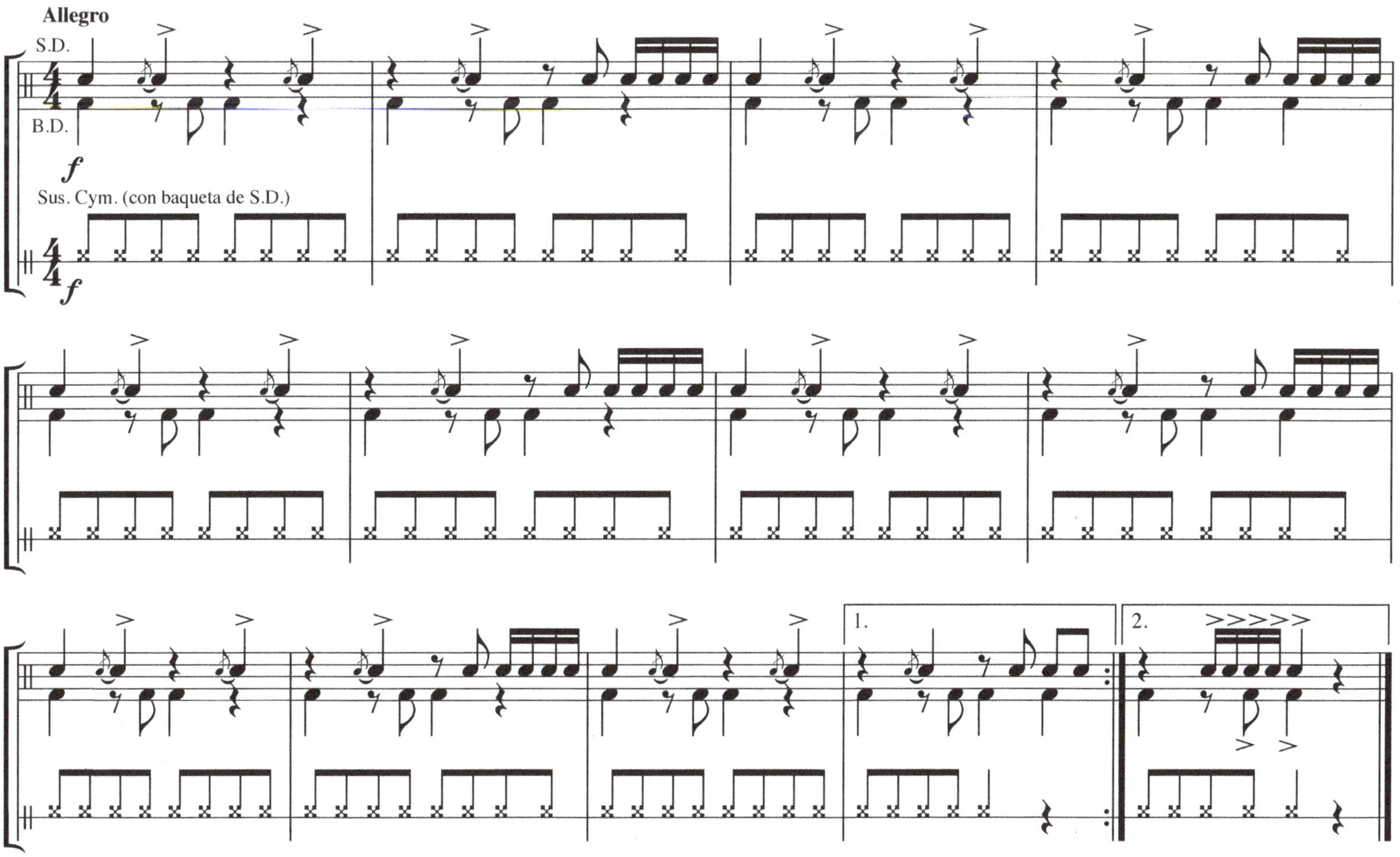

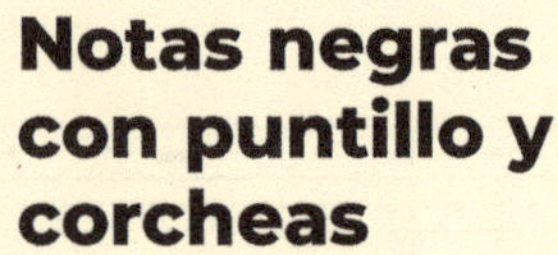

Notas negras con puntillo y corcheas

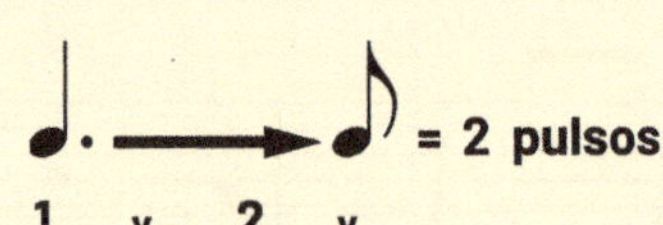

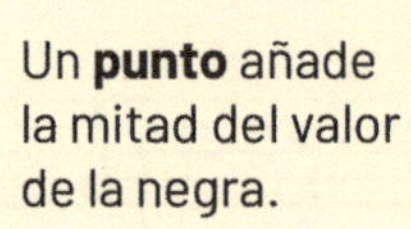

Un **punto** añade la mitad del valor de la negra.

Una sola **corchea** tiene una **bandera** en la plica.

110. Rap de ritmo

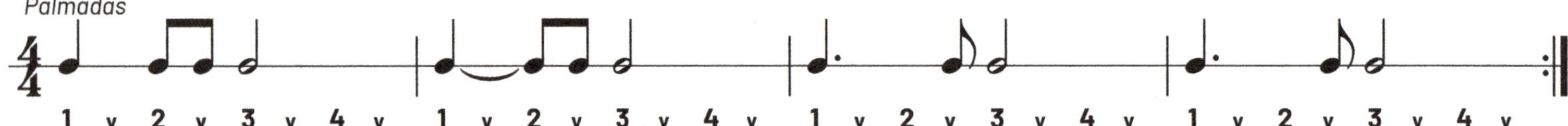

111. El punto siempre cuenta

Redoble cerrado

Subdivide cada tiempo en 4 golpes iguales y conecta los rebotes múltiples de la manera más suave posible. Los redobles cerrados llenan cada tiempo con un sonido vibrante.

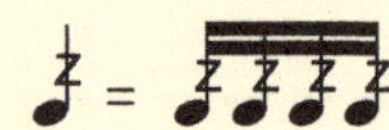

112. Toda la noche

113. Chabolas de mar

Canción folclórica inglesa

114. La feria de Scarborough

Canción folclórica inglesa

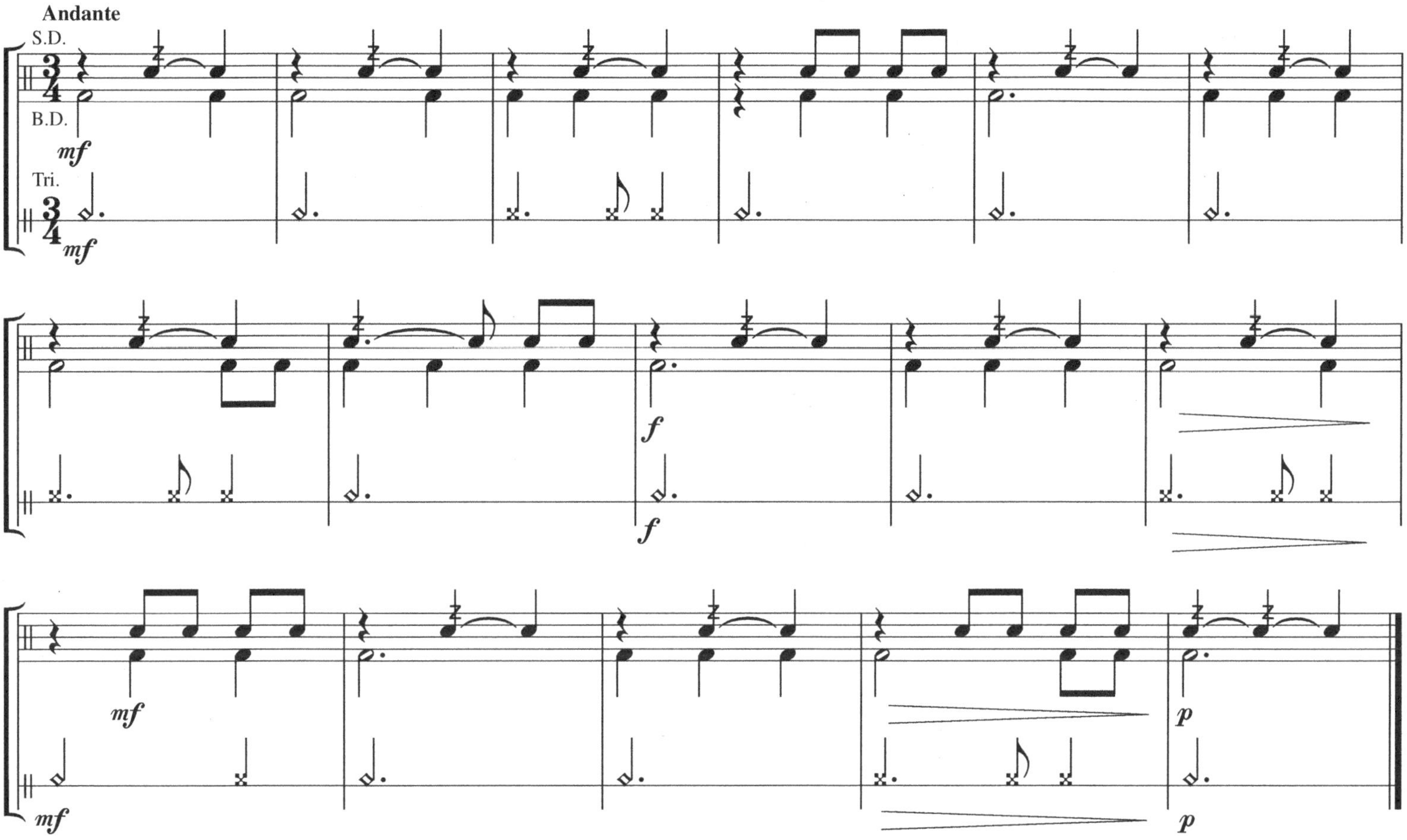

Andante

S.D.

B.D.

Tri.

mf mf f f mf mf p p

115. Rap de ritmo

Palmadas

116. El cambio de rumbo

117. Essential Elements: Prueba – Auld lang syne

Canción folclórica escocesa

RENDIMIENTO DESTACADO

Solo con Acompañamiento de Piano

Puedes realizar este solo con o sin un pianista acompañante. Tócalo para la banda, la escuela o tu familia. Este pasaje forma parte de la **Sinfonía #9 ("Del Mundo Nuevo")** del compositor checo **Antonin Dvorák** (1841-1904). Él escribió la obra mientras visitaba Estados Unidos en 1893, y se inspiró para incluir melodías de canciones folclóricas y espirituales estadounidenses. Este es el tema Largo (o "tempo muy lento").

118. Danza Húngara No. 5 – Solo de Redoblante

Johannes Brahms
Arr. por Will Rapp

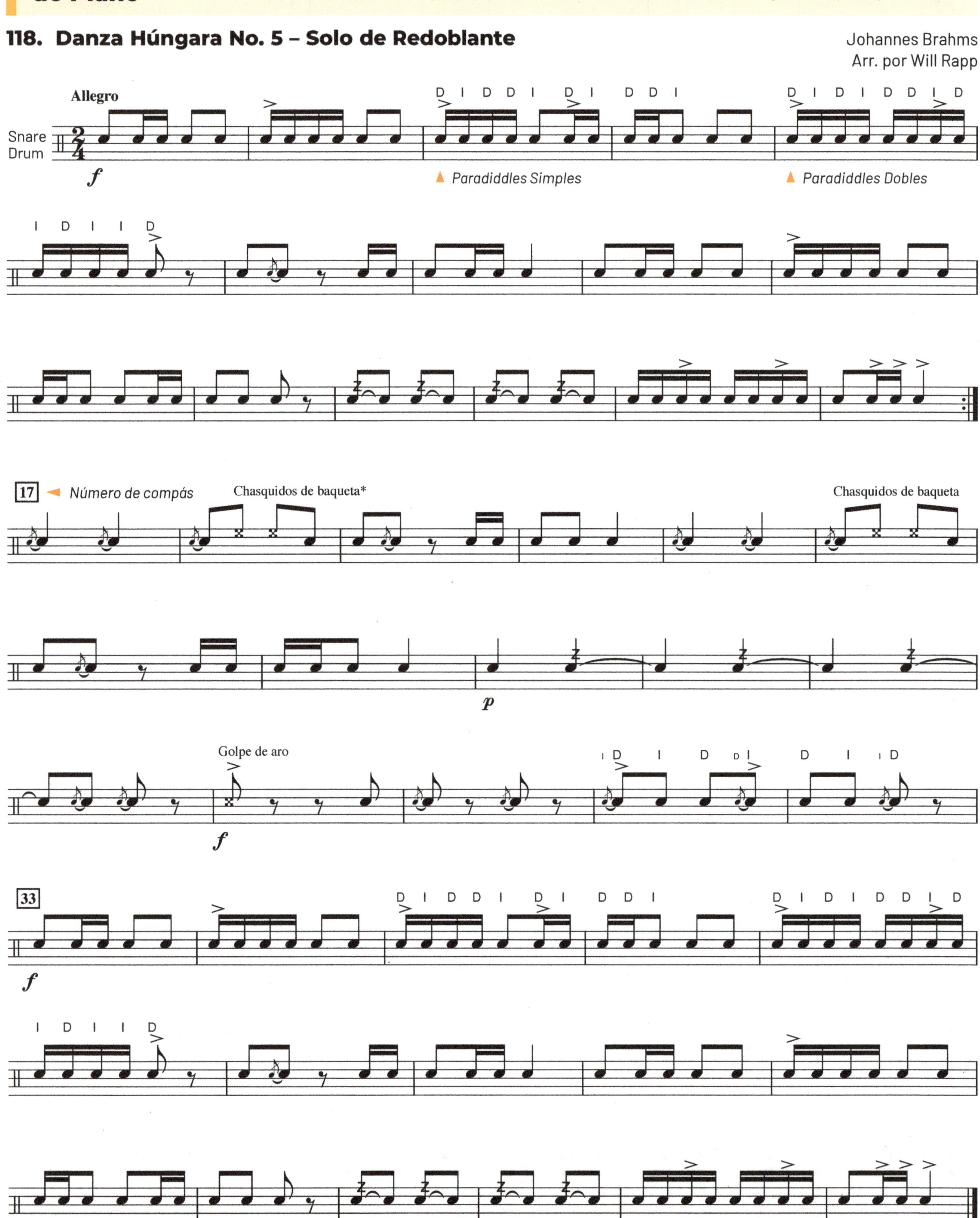

*Golpear las baquetas entre sí.

118. Danza Húngara No. 5 – Acompañamiento de piano

Johannes Brahms
Arr. por Will Rapp

Los grandes músicos animan a sus compañeros intérpretes. En esta página, los clarinetistas aprenden el registro superior de sus instrumentos en los "Saltos de gorila granadilla" (llamado así por la madera de granadilla utilizada para hacer clarinetes). Los músicos de instrumentos metales aprenden las ligaduras de labios, un nuevo patrón de calentamiento. El éxito de tu banda depende del esfuerzo y el estímulo de todos.

Caja (Snare Drum)

Los siguientes ejercicios te ayudarán a desarrollar habilidades importantes. Sigue la escritura de las baquetas con mucho cuidado para ayudar a desarrollar tu técnica en el redoblante.

123. Salto de gorila granadilla n.° 3

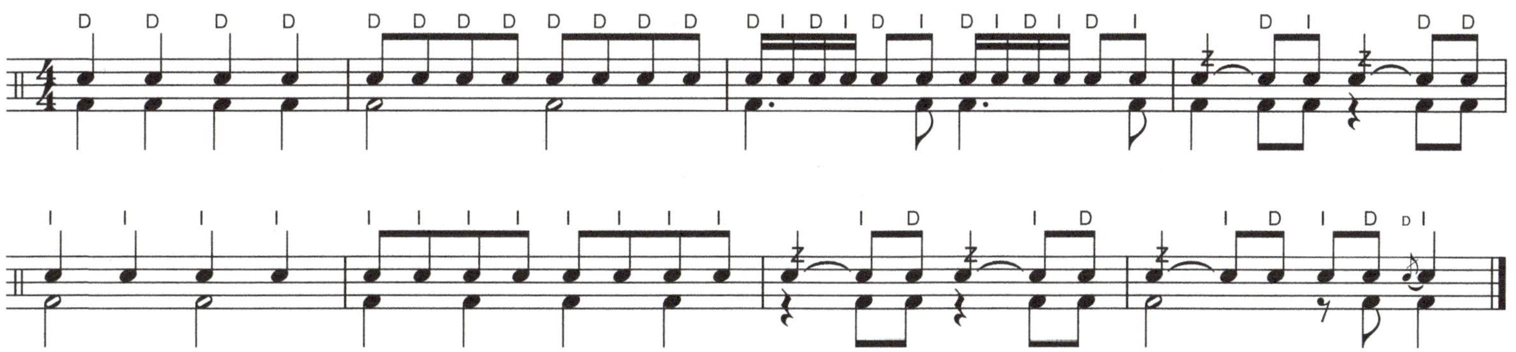

124. Saltos de tijera

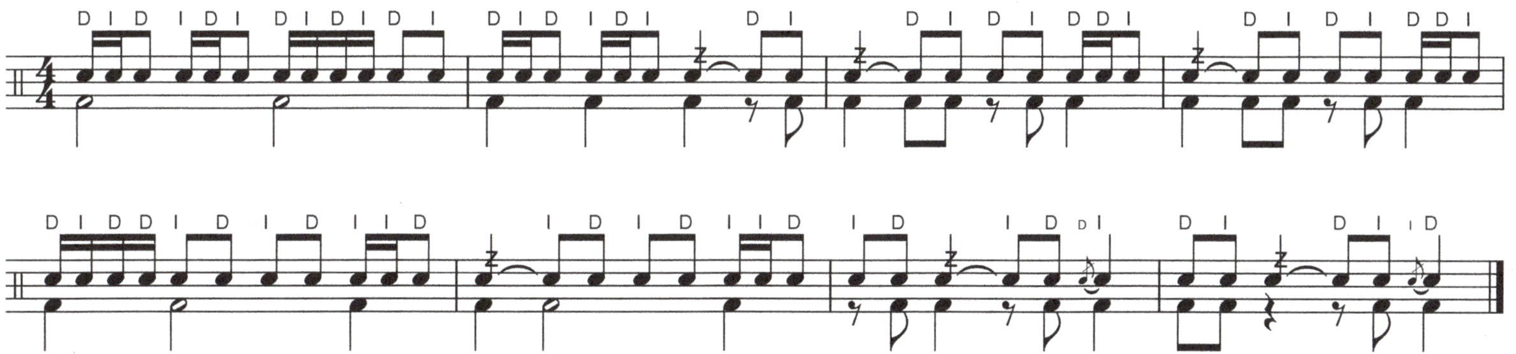

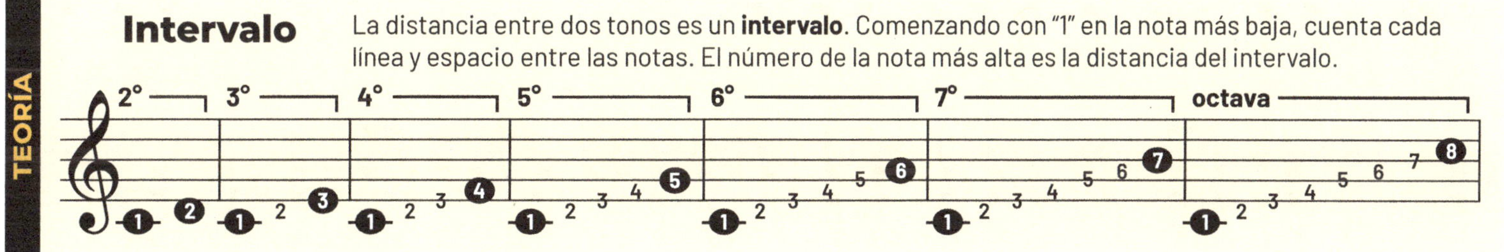

Intervalo La distancia entre dos tonos es un **intervalo**. Comenzando con "1" en la nota más baja, cuenta cada línea y espacio entre las notas. El número de la nota más alta es la distancia del intervalo.

125. Essential Elements: Prueba

Un cuestionario sobre intervalos aparece en la sección de teclado (página 24).

Canciones adicionales están disponibles en línea. Consulte la portada interior para obtener más detalles.

126. Salto de gorila granadilla n.º 4 *Practica golpes alternos según lo indicado.*

127. Tres es la cuenta

128. Salto de gorila granadilla n.º 5

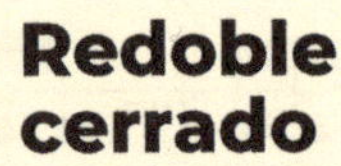

Redoble cerrado

Subdivide cada tiempo en 2 golpes iguales y conecta los rebotes múltiples de la manera más suave posible.

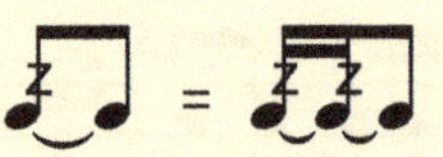

129. Ejercicios de técnica

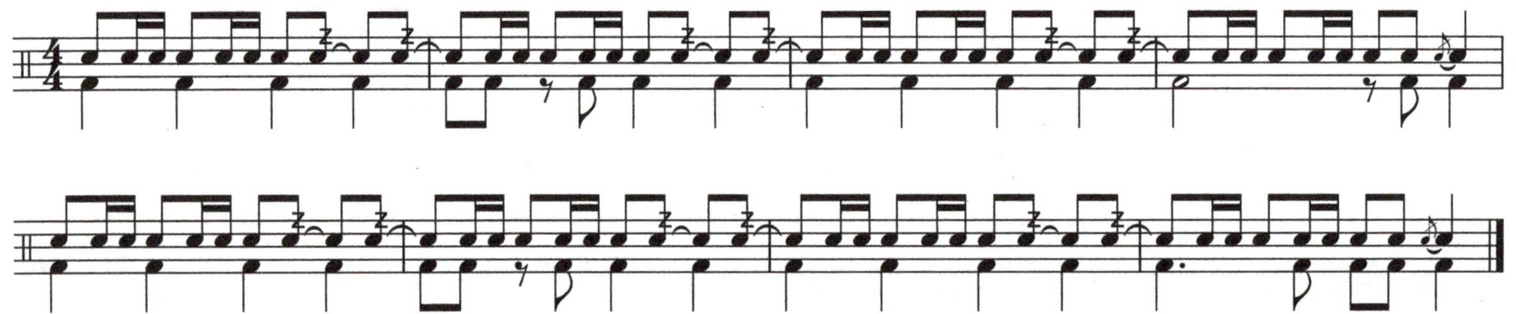

130. Cruzando

Trío

Un **trío** es una composición con tres partes tocadas juntas.
Practica este trío con otros dos músicos y escucha la armonía a 3 voces.

131. Kum bah yah

Canción folclórica africana

Esta parte de percusión puede acompañar a un trío de músicos o a la banda completa.

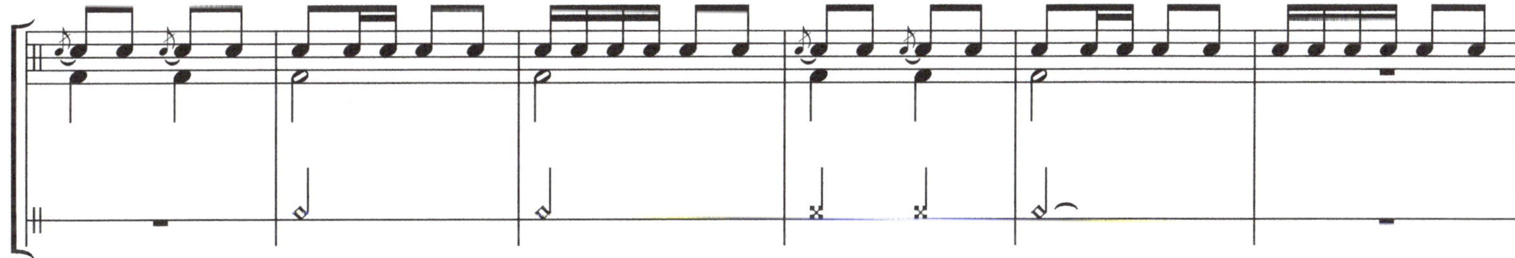

Signos de Repetición

Repite la sección de música encerrada por los **signos de repetición**. (Si se usan terminaciones 1ª y 2ª, se tocan como de costumbre, pero se vuelve a la primera señal de repetición, no al principio).

132. Michael rema el bote hasta la orilla

Canción folclórica africana

Los acentos de flam también pueden aplicarse a las corcheas.

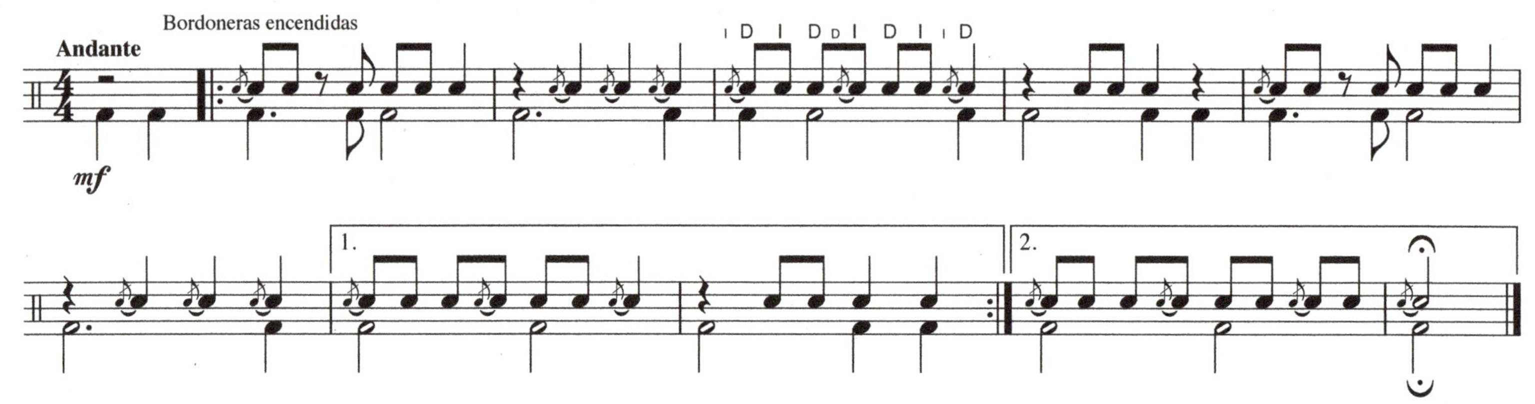

133. Vals austríaco

Canción folclórica austriaca

134. Bahía botánica

Canción folclórica australiano

𝄴 Compás

= **Tiempo común** (igual a $\frac{4}{4}$)

Dirigiendo

Practica dirigir este patrón de cuatro pulsos

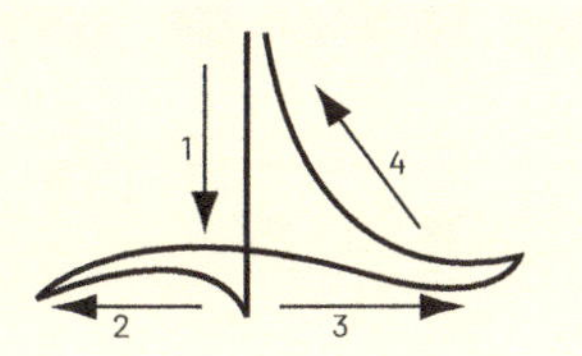

TEORÍA

135. Ejercicios de técnica *Practica este ejercicio en todos los niveles dinámicos.*

136. Finlandia

Jean Sibelius

137. Creatividad Esencial

Crea tus propias variaciones dibujando un punto y una bandera para cambiar el ritmo de cualquier compás de ♩ ♩ *a* ♩. ♪

138. Saltos fáciles de gorila

139. Ejercicios de técnica

140. Otro ejercicio de técnica

141. Canción alemana folclórica

142. Cuando los santos vuelven a marchar

James Black y Katherine Purvis

143. Paseo de los gorila de tierra-baja

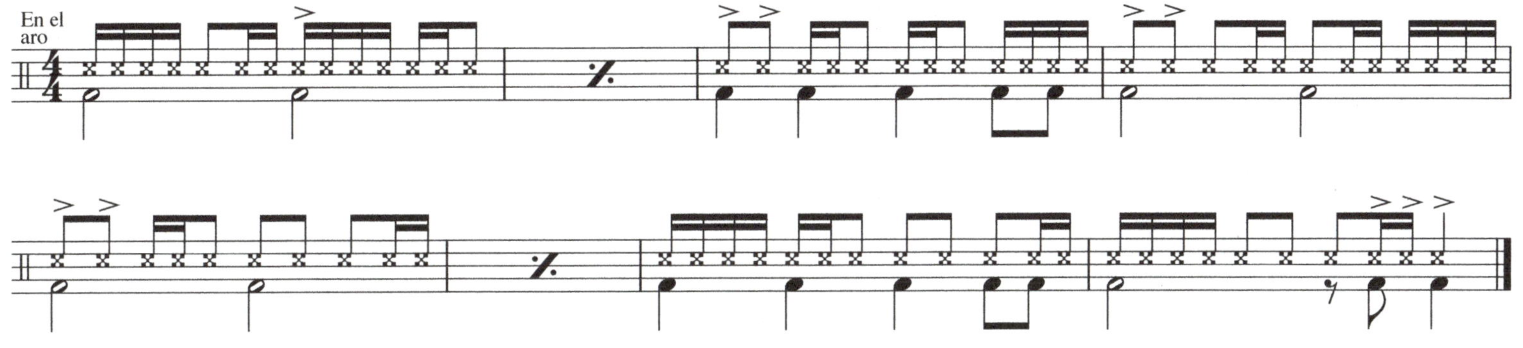

Repetición de dos compases

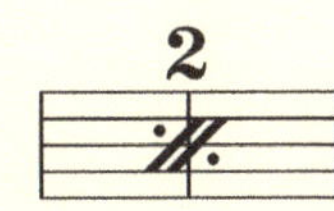

Repite los dos compases anteriores.

TEORÍA

144. Navegación tranquila

145. Más saltos de gorila

146. Cobertura total

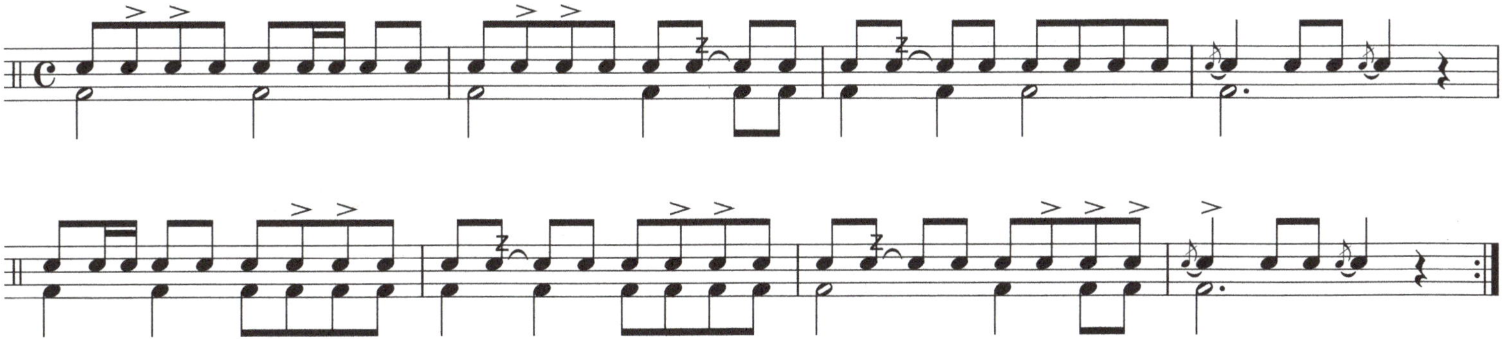

Escala

Una escala es una secuencia de notas en orden ascendente o descendente. Como una "escalera" muical, cada escala de paso es la liguiente nota consecutiva en la tonalidad. Consulta el ejercicio 147 en la sección de teclado.

Subdivide cada tiempo en 4 golpes iguales y conecta los rebotes múltiples de la manera más suave posible. Los redobles extendidos son redobles cerrados que llenan todos los tiempos con un sonido vibrante.

147. Escala de Si bemol

TEORÍA

Acorde y Arpegios

Cuando dos o más notas se tocan juntas, forman un **acorde** o **armonía**. Consulta el ejercicio 148 en la sección de teclado.

148. En armonía

149. Escala y arpegio

El compositor austriaco **Franz Josef Haydn** (1732-1809) escribió 104 sinfonías. Muchas de estas obras tenían apodos e incluían efectos brillantes y únicos para su época. *Su sinfonía N.º 94* fue llamada "La sinfonía sorpresa" porque el suave segundo movimiento incluía una dinámica repentina y fuerte, destinada a despertar a un público a menudo adormecido. Presta atención especial a la dinámica cuando toques este famoso tema.

HISTORIA

150. Tema de la Sinfonía sorpresa

Franz Josef Haydn

151. Essential Elements: Prueba – Las calles de Laredo

Canción folclórica estadounidense

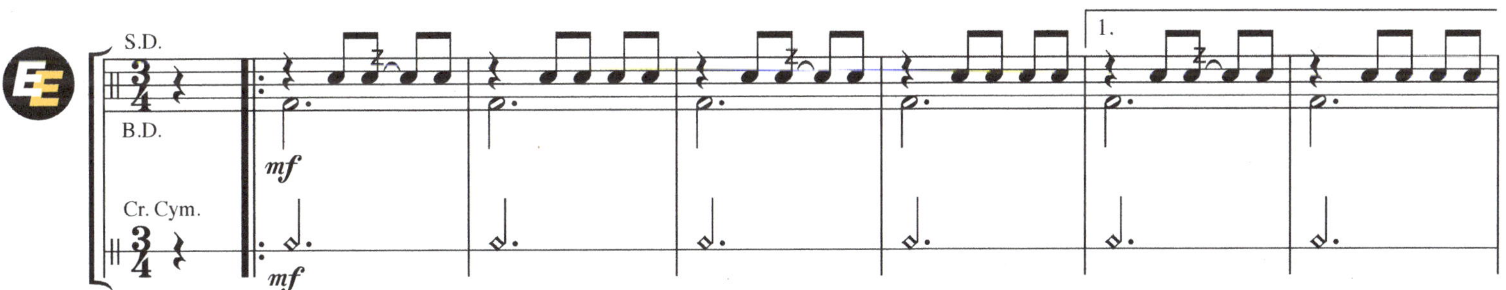

RENDIMIENTO DESCATADO

152. Espíritu escolar – arreglo de banda

W.T. Purdy
Arr. por John Higgins

Soli

Mientras tocando música indicado como **Soli**, eres parte de un "solo" para un grupo entero. Escucha cuidadosamente durante "Carnaval de Venezia" e identifica el nombre de los instrumentos que tocan la parte del Soli en cada compás indicada.

153. Carnaval de Venezia – arreglo de banda

Julius Benedict
Arr. por John Higgins

*En algunas partituras, los platillos aparecen junto con el bombo.

CALENTAMIENTOS DIARIOS *EJERCICIOS PARA TONO Y TÉCNICA*

154. Desarrollador de registro y flexibilidad

Rudiments

Paradiddle triple

155. Ejercicios de técnica *destacar los acentos*

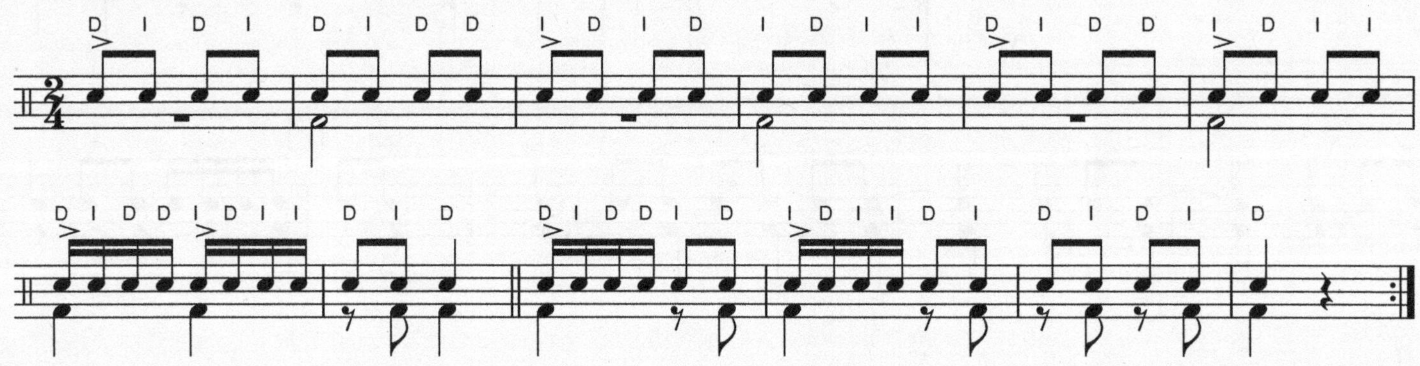

156. Coral

Johann Sebastian Bach

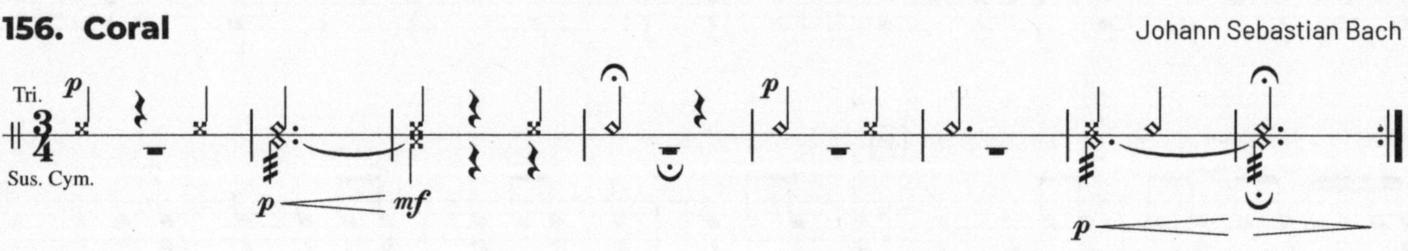

HISTORIA

La melodía tradicional hebrea "Hatikvah" ha sido el himno nacional de Israel desde el inicio de la nación. En la declaración de estado de 1948, fue cantada por la asamblea reunida durante la ceremonia de apertura y fue interpretada por miembros de la Orquesta Sinfónica de Palestina al concluir.

157. Hatikvah

Himno nacional israelí

158. Rap de ritmo

Palmadas

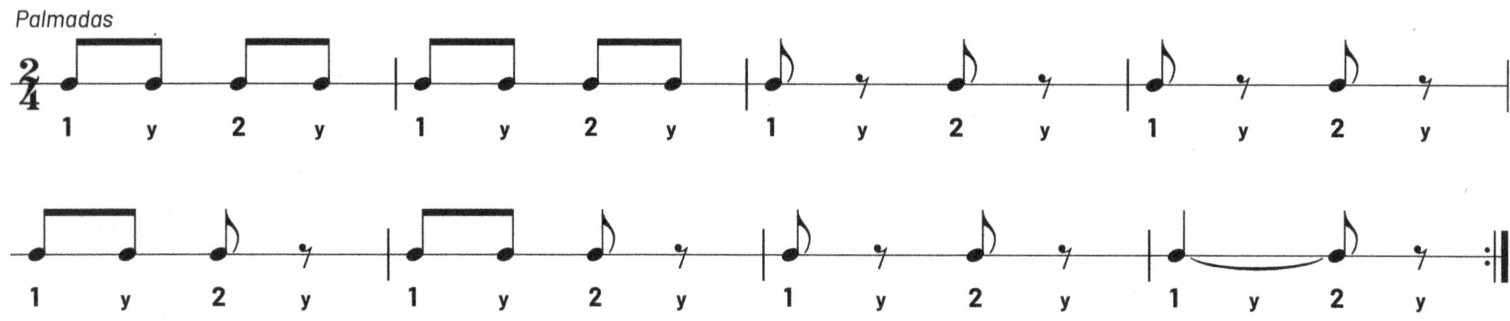

159. Marcha de corcheas *Practica el "doble golpe" y los paradiddles.*

160. Minuet

Johann Sebastian Bach

161. Rap de ritmo

Palmadas

162. Corcheas después del pulso

Cencerro

Sostén el extremo abierto del cencerro alejado de ti y toca con una baqueta en el borde delantero del extremo abierto.

163. Corcheas revueltas

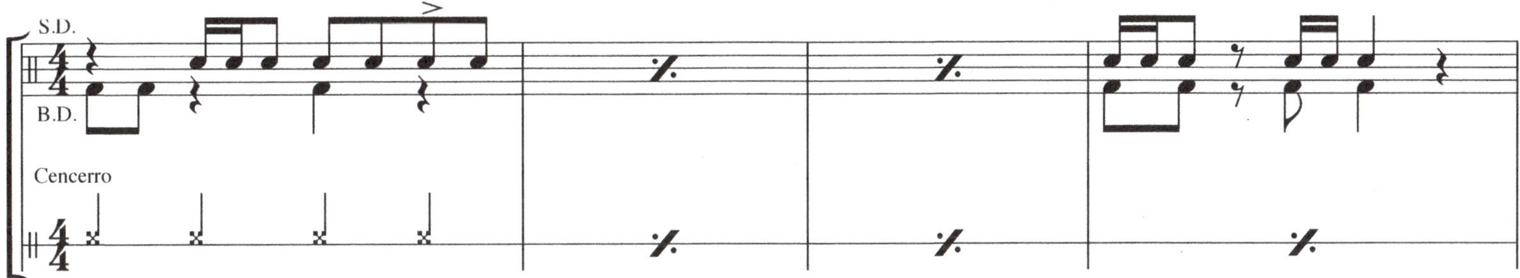

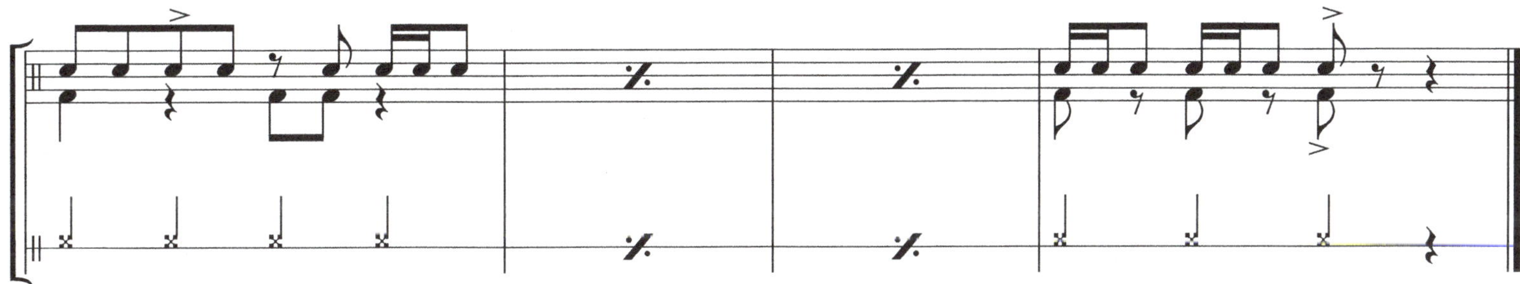

164. Essential Elements: Prueba

165. Melodía de baile

> **HISTORIA**
>
> El compositor y director de orquesta estadounidense **John Phillip Sousa** (1854-1892) escribió 136 marchas. Conocido como "El rey de la marcha". Sousa escribió *The Stars and Stripes Forever, Semper Fidelis, The Washington Post* y muchas otras obras patrióticas. La banda de Sousa tocó en todo el país, y su fama ayudó aumentar la popularidad de las bandas en Estados Unidos. Aquí hay una melodía de su famosa opereta y marcha *El capitán*:

166. El capitán

John Philip Sousa

> **HISTORIA**
>
> O Canadá, anteriormente conocido como "la canción nacional", se representó por primera vez en el año 1880 en el Canadá Francés. Robert Stanley Weir tradujo la versión ingles en el año 1908, pero la canción no fue adoptada como el himno nacional de Canadá hasta el año 1980, cien años después de su estreno.

167. O Canadá

Calixa Lavallee,
l'Hon. Judge Routhier y Justice R.S. Weir

Maestoso (Majestuosamente)

mf *f* *mf*

9

p *mf*

17

f

168. Essential Elements: Prueba – Meter mania

Contar y palmadas antes de tocar. ¿Puedes dirigir esto?

TEORÍA

Enarmónicos

Dos notas que se escriben de manera diferente, pero suenan igual (y se tocan en la misma posición) se llaman **enarmónicas**.
Tu tabla de notas en la página 5-A muestra las notas enarmónicas para los instrumentos de percusión de teclado.

En el teclado de un piano, cada tecla negra es a la vez un bemol y un sostenido.

169. Encantador de serpientes

170. Sombras oscuras

171. Encuentros cercanos

172. March slav

El redoblante está en *tacet* (no se toca). Una parte opcional de timbales aparece en la página 33-B.

Peter Ilyich Tchaikovsky

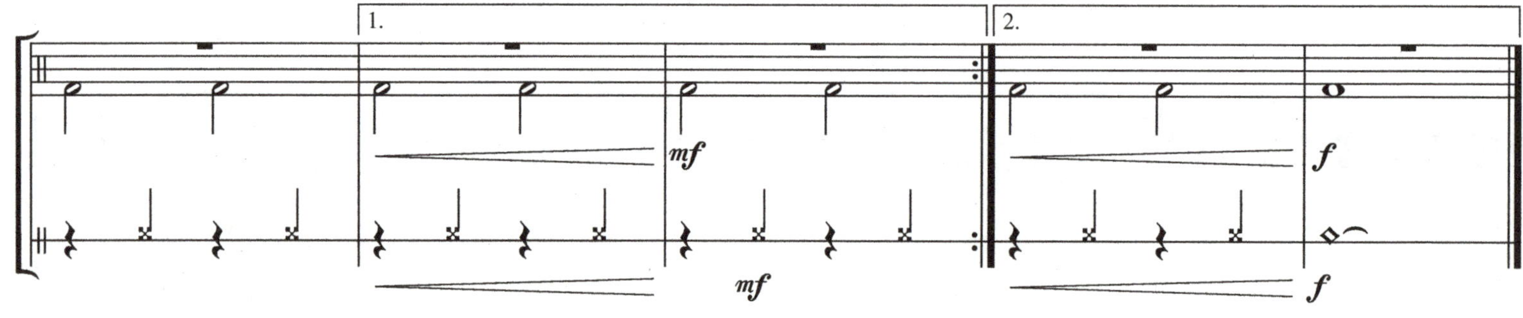

Tímpanos

Uno de los instrumentos más dramáticos de la sección de percusión, los tímpanos combinan los ritmos de la percusión con la afinación de otros instrumentos. Usa mazos de fieltro para tímpanos.

Para **March Slav**, afina el tambor más grande en Fa (F) y el tambor más pequeño en Si bemol (B♭).

172. March slav – Timpani *Afina en Fa (F) y Si bemol (B♭).*

173. Notas disfrazadas

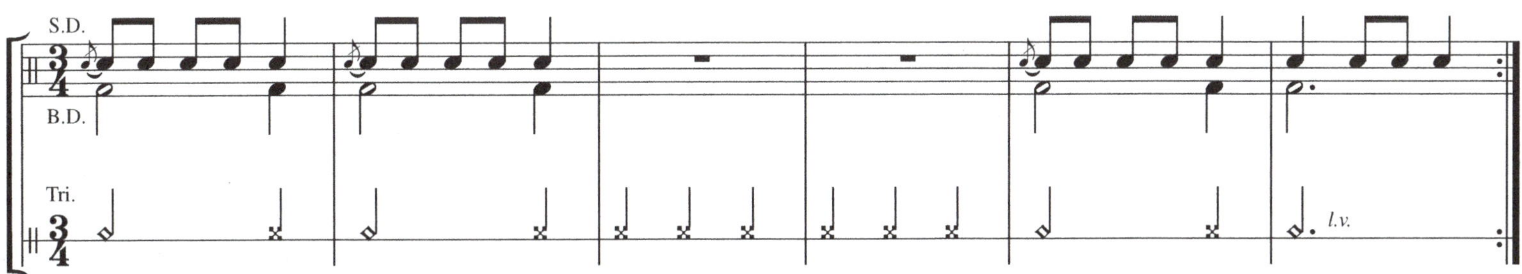

Notas cromáticas

Las **notas cromáticas** se alteran con sostenidos, bemoles y signos naturales que no están en la armadura. La distancia más pequeña entre dos notas es un semitono, y una escala formada por semitonos consecutivos se denomina **escala cromática**.

TEORÍA

174. Paseando en medio-pasos

HISTORIA

El compositor francés **Camille Saint-Saëns** (1835-1921) escribió música para prácticamente todos los medios: óperas, suites, sinfonías y obras de cámara. La "Danza egipcia" es uno de los temas principales de *su famosa ópera* Sansón y Dalila. La ópera fue escrita el mismo año en que Thomas Edison inventó el fonógrafo, 1877.

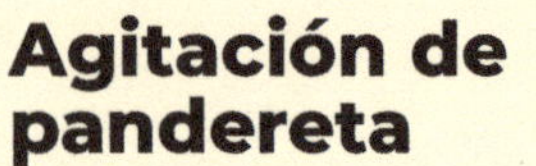

Agitación de pandereta

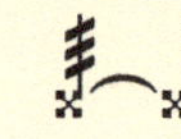

Agita la pandereta con la mano izquierda. Detén la agitación en la nota ligada (release) usando el puño de tu mano.

175. Danza egipcia

Camille Saint-Saëns

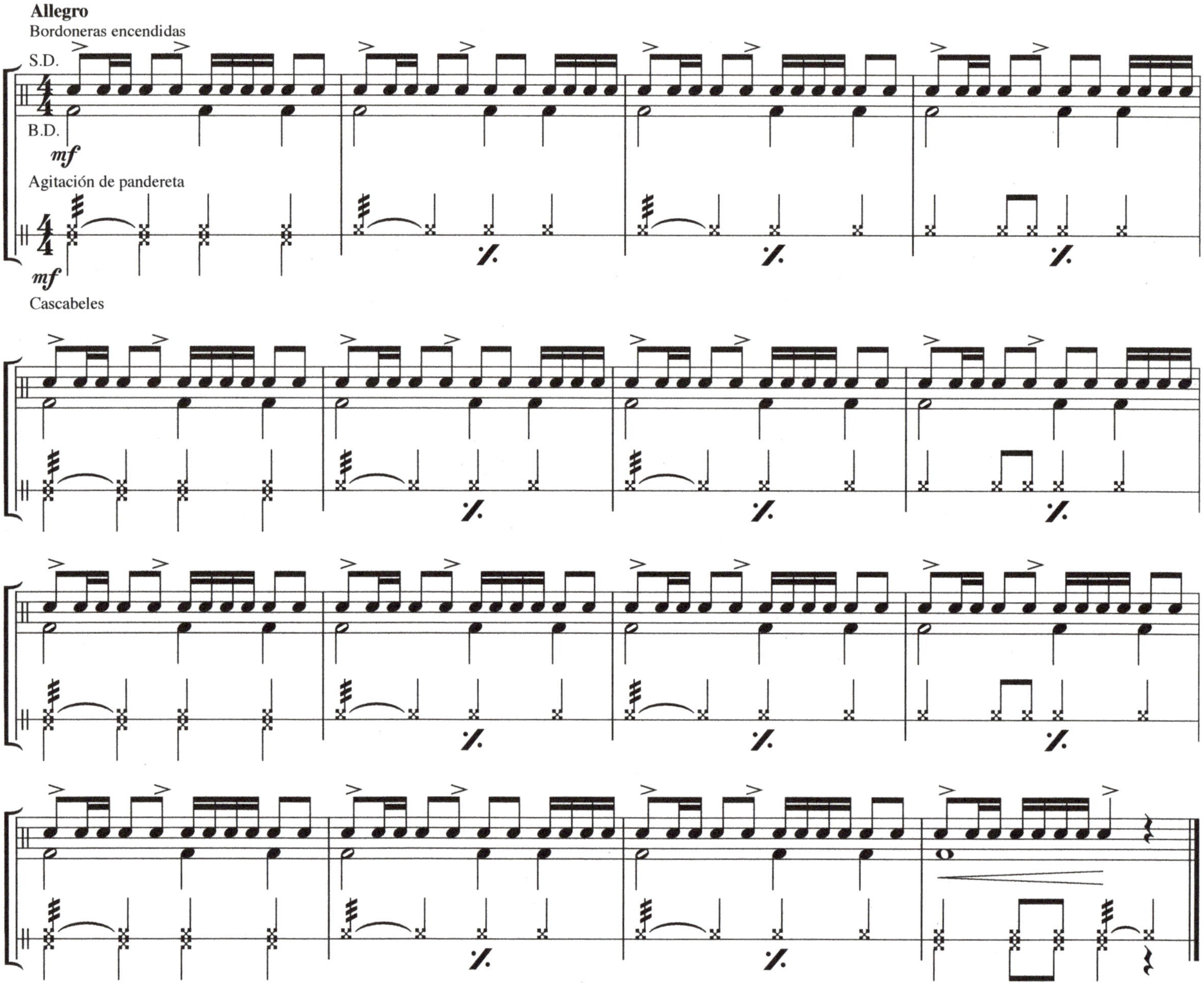

Allegro
Bordoneras encendidas
S.D.
B.D.
mf
Agitación de pandereta
mf
Cascabeles

175. Danza egipcia – Timpani

Afina el tambor más grande en La (A) y el tambor más pequeño en Mi (E). Presta atención a los alteraciones.
Usa un golpe ligero para lograr una calidad de sonido bailable.

Allegro
I D D I D D I D
sim.
2
mf

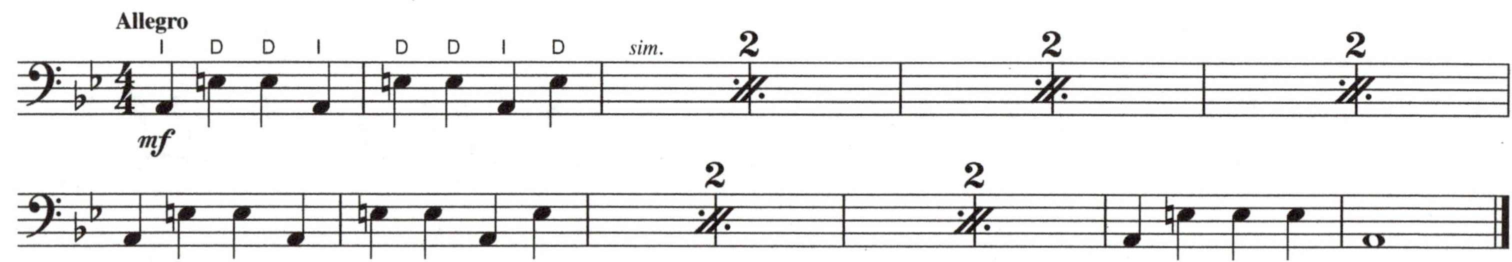

176. Barco de luna plata

Canción folclórica

HISTORIA

El compositor alemán **Ludwig van Beethoven** (1770-1827) es considerado uno de los más grandes compositores del mundo, a pesar de quedar completamente sordo en 1802. Aunque no podía escuchar su música de la manera en que nosotros podemos, podía "escucharla" en su mente. Como testimonio de su grandeza, su *Sinfonía n.º 9* (p. 13) se interpretó como final de la ceremonia que celebró la reunificación de Alemania en 1990. Este es *el tema de* su Sinfonía n.º 7, segundo movimiento.

177. Tema de la Sinfonía n.° 7

Ludwig van Beethoven

Aunque esta parte parece fácil, es difícil porque es lenta. Esfuérzate por lograr un sonido uniforme y constante.

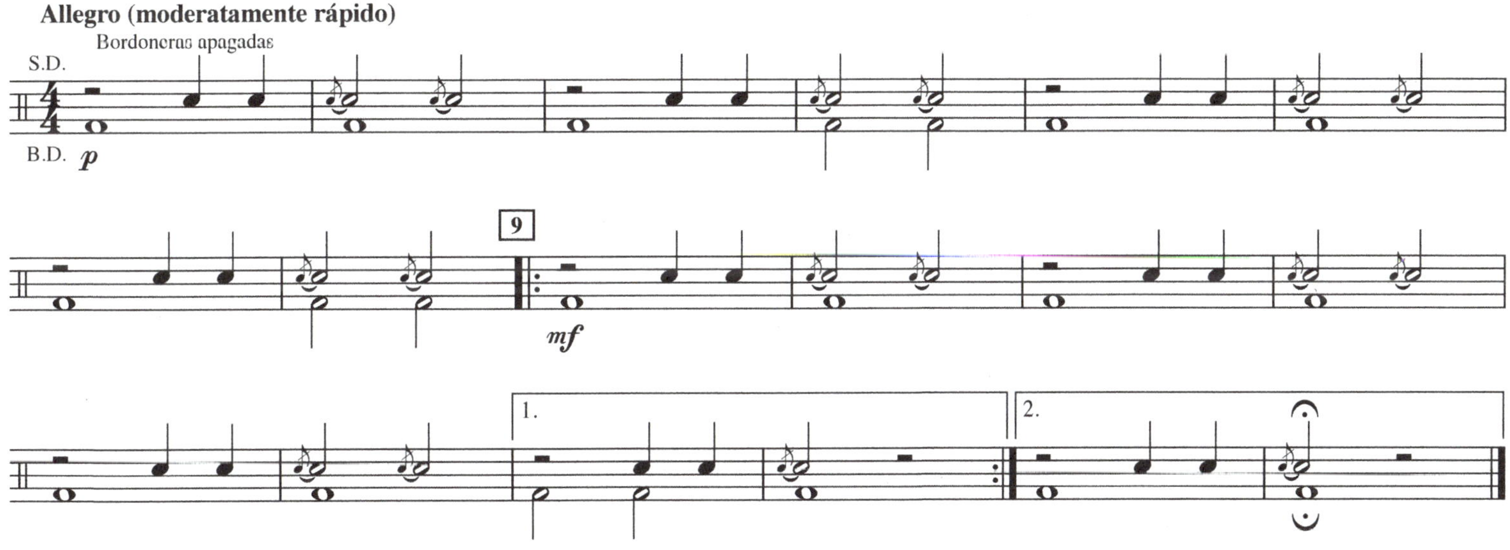

177. Tema de la Sinfonía n.° 7 – Timpani

Afina a Mi♭ (E♭) y La♭ (A♭).

Ludwig van Beethoven

HISTORIA

El compositor ruso **Peter Ilyich Tchaikovsky** (1840-1893) escribió seis sinfonías y cientos de otras obras, entre ellas el ballet *El Cascanueces*. Fue un maestro en la composición de brillantes arreglos de música folclórica, y sus melodías originales se encuentran entre las más populares de todos los tiempos. Su *Obertura de 1812* y *Capriccio Italien* fueron escritas en 1880, un año después de que Thomas Edison desarrollara la bombilla eléctrica.

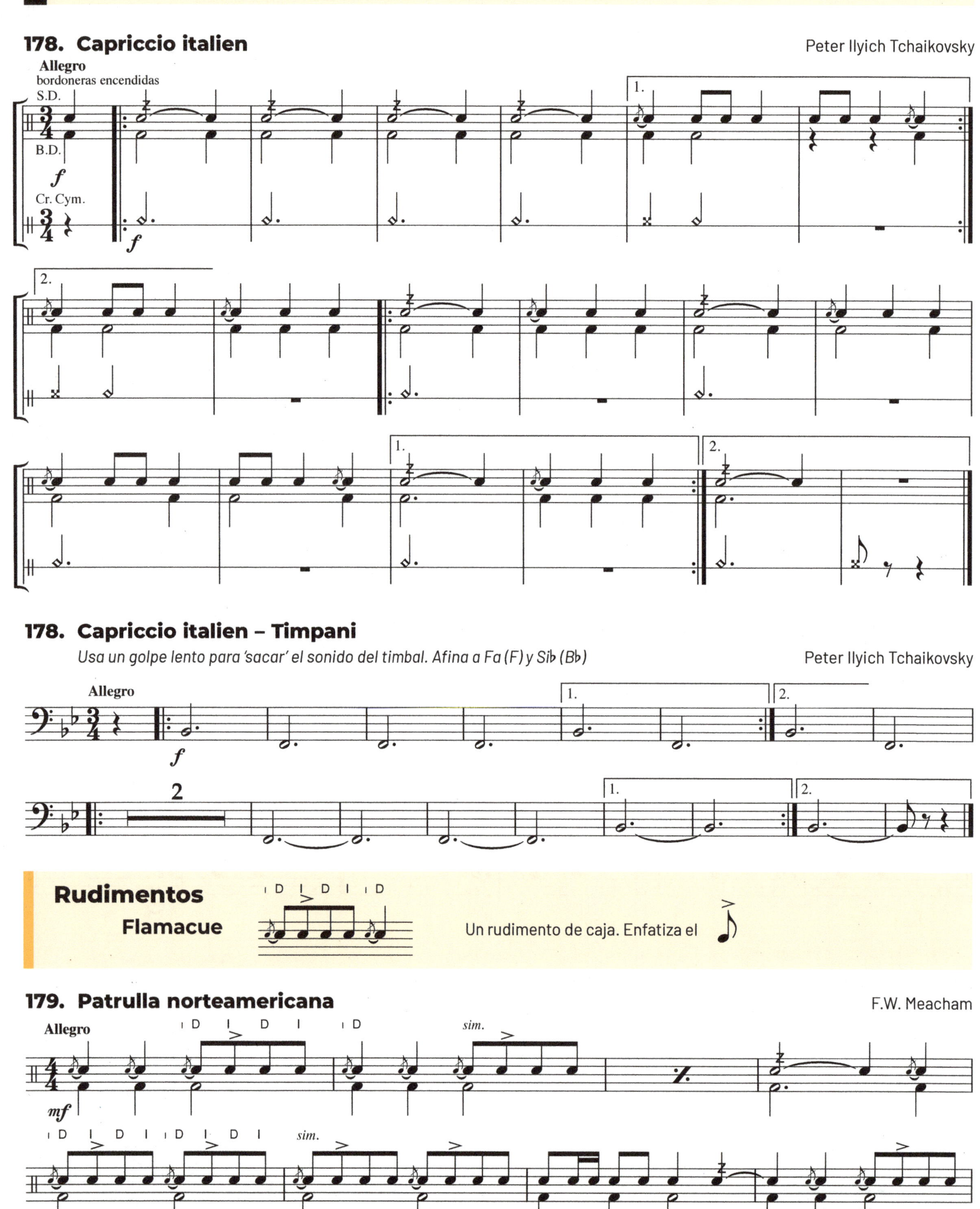

Pasa a la página siguiente

180. Caminante extranjero

Canción espiritual africana-americana

181. Essential Elements: Prueba – Conquista del conteo de rudimentos

Canciones adicionales están disponibles en línea. Consulte la portada interior para obtener más detalles.

RENDIMIENTO DESCATADO

182. America la bella – arreglo de banda

Samuel A. Ward
Arr. por John Higgins

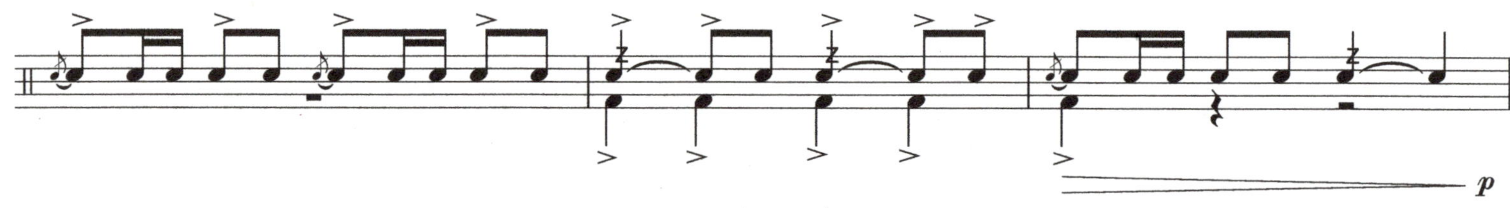

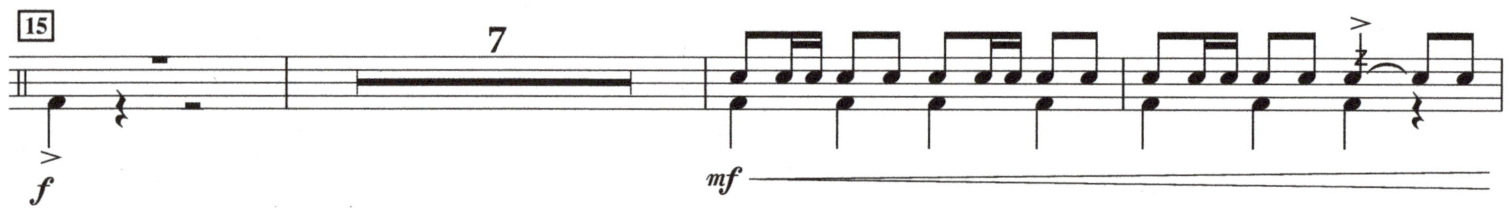

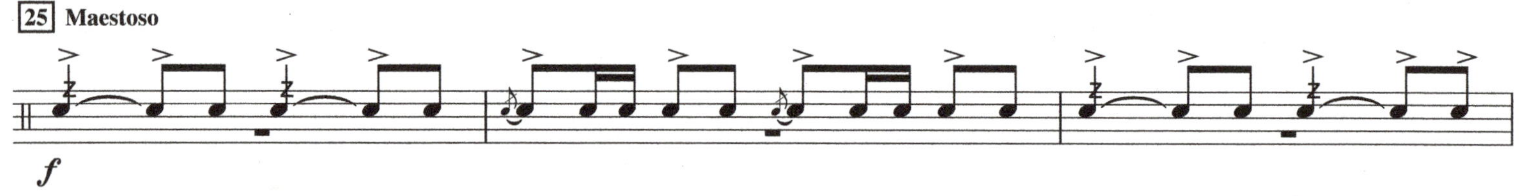

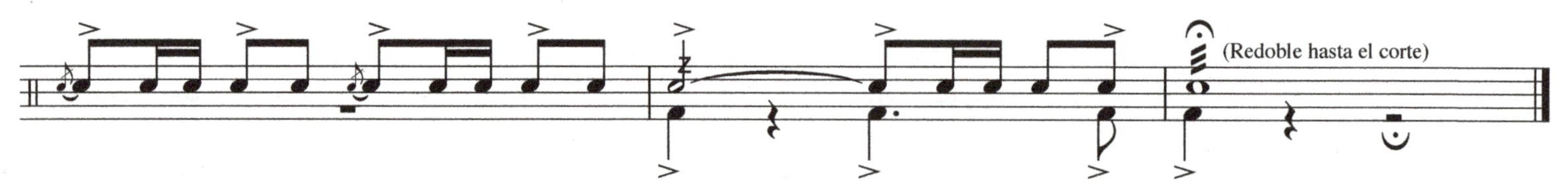

RENDIMIENTO DESCATADO

182. America la bella – arreglo de banda

Samuel A. Ward
Arr. por John Higgins

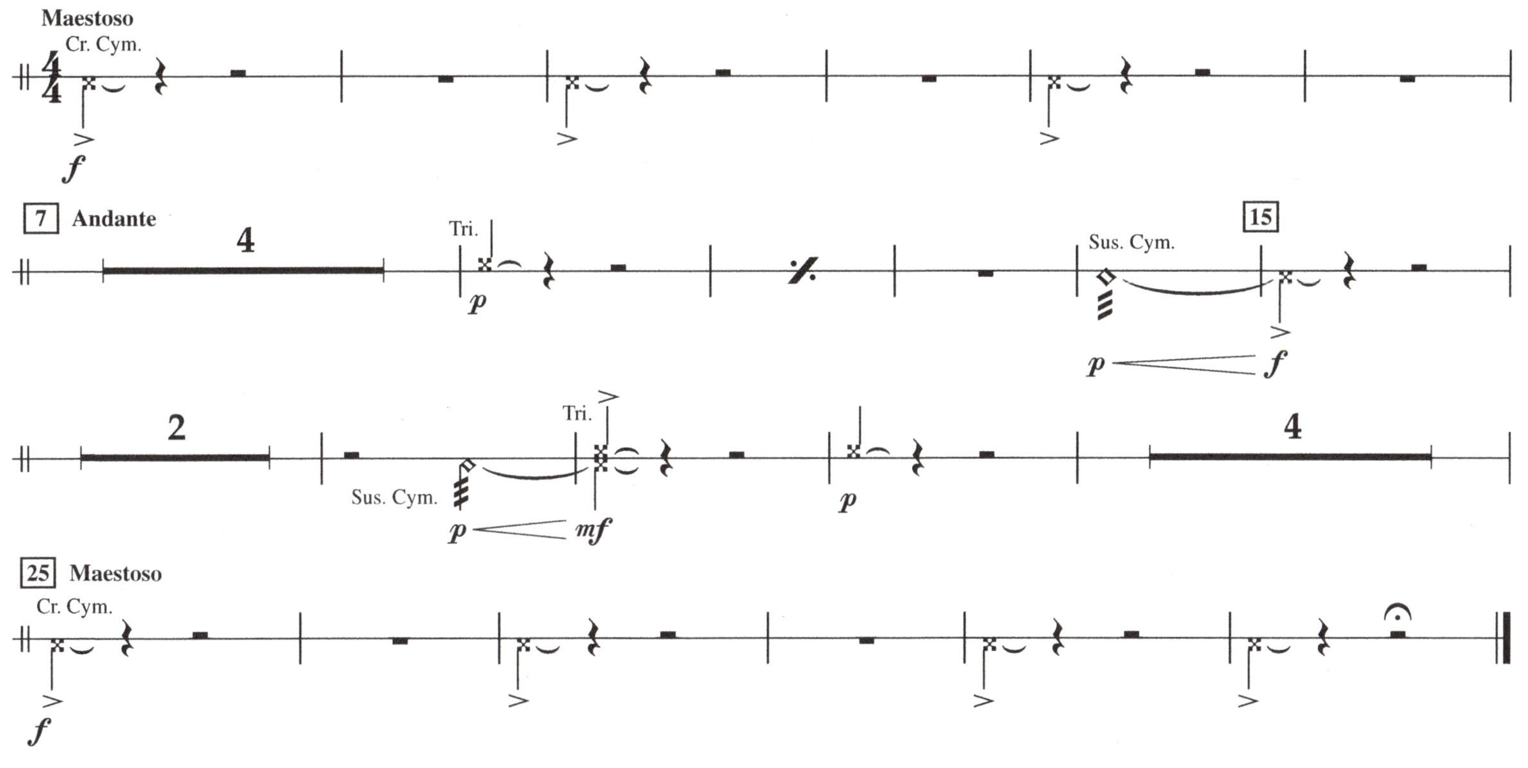

Alterna rápidamente golpes simples de la manera más suave posible. Para obtener el mejor sonido, toca aproximadamente a un tercio del camino desde el borde hasta el centro del parche.

182. America la bella – arreglo de banda

Samuel A. Ward
Arr. por John Higgins

183. La cucaracha – arreglo de banda

Canción folclórica latinoamericana
Arr. por John Higgins

183. La cucaracha – arreglo de banda

Canción folclórica latinoamericana
Arr. por John Higgins

RENDIMIENTO DESCATADO

184. Tema de la Obertura de 1812 – arreglo de banda

Peter Ilyich Tchaikovsky
Arr. por John Higgins

RENDIMIENTO DESCATADO

184. Tema de la Obertura de 1812 – arreglo de banda

Peter Ilyich Tchaikovsky
Arr. por John Higgins

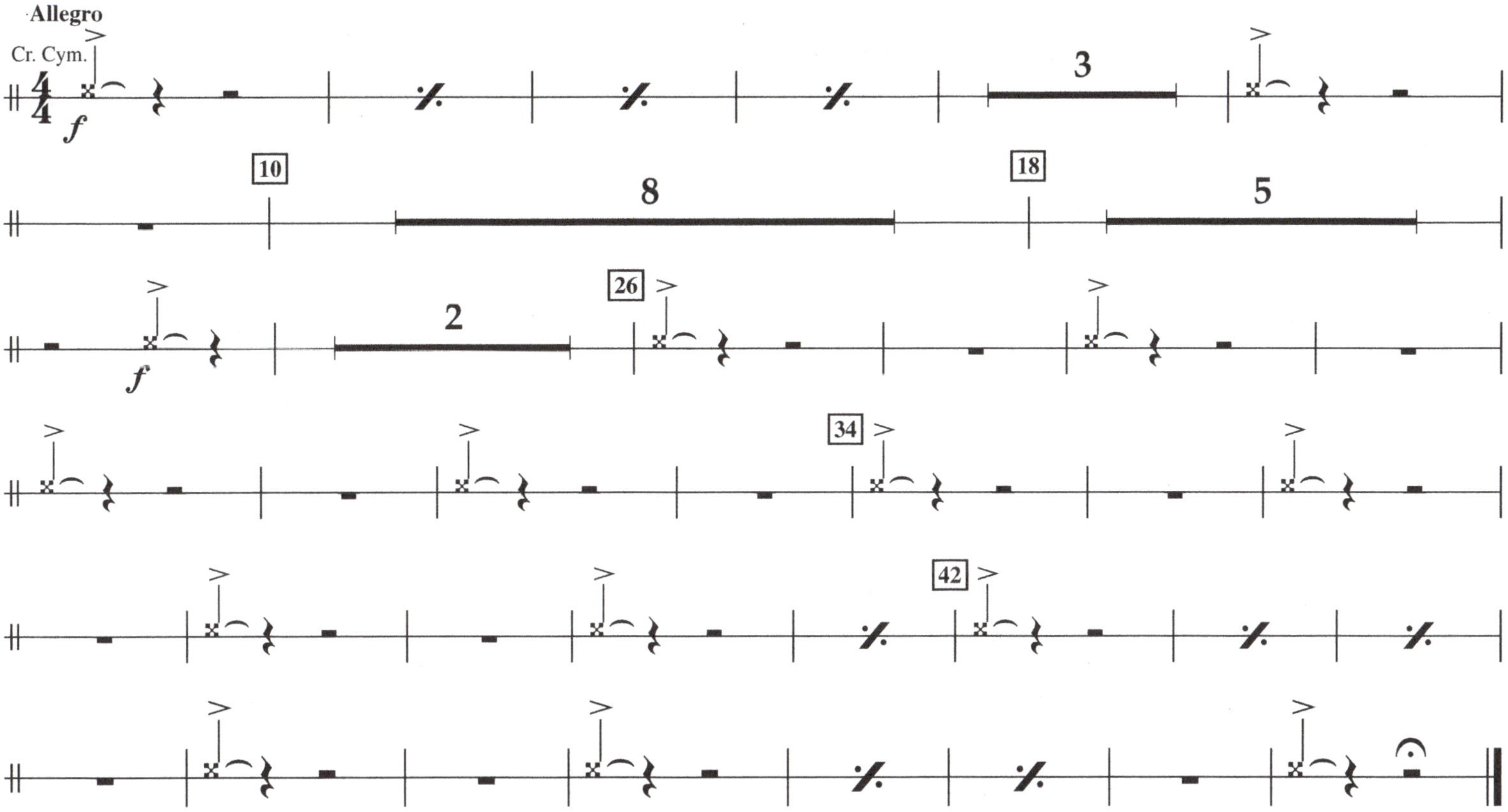

184. Tema de la Obertura de 1812 – arreglo de banda

Peter Ilyich Tchaikovsky
Arr. por John Higgins

*Detén el sonido con las yemas de los dedos

RENDIMIENTO DESCATADO

Solo para conjunto de percusión

Actuar frente a una audiencia es una parte emocionante de participar en la música. Los conjuntos de percusión ofrecen una oportunidad única de interpretar solos para todos los miembros de la sección de percusión. Este conjunto de percusión está escrito para 5 o más músicos. Está basado en el famoso baile "Can-Can" de la *opereta Orfeo en el Infierno* de Jacques Offenbach, completada en 1858. Tu conjunto de percusión puede presentarse para la banda o en otros eventos escolares y comunitarios.

185. Can-Can

Jacques Offenbach
Arr. por Kevin Lepper

185. Can-Can
Jacques Offenbach
Arr. por Kevin Lepper
Allegro
Cr. Cym.
f
5
6
Wd. Blk.
mf
1.
2.
14
Cr. Cym.
f
Choke
2
Agarrotar
2
Agarrotar
Wd. Blk.
f
Solo
Cr. Cym.
30
2
Choke
185. Can-Can
Jacques Offenbach
Arr. por Kevin Lepper
Allegro
Tri.
f
5
Pandereta
Sólo la segunda vez
mf
1.
2.
14
Al triángulo
2
Solo
Tri.
f
A la pandereta
12
30
Pandereta
f

DÚOS

"Baja suave, delce carroza" y "La Bamba" están escritos como duetos para instrumentos de madera, metales y percusión de teclado. Estas partes de percusión pueden acompañar a dos o más músicos que toquen las partes del dueto.

Repaso de rudimentos

Acento con flam
(corcheas)

El rudimento de caja utilizado en los compases 11 y 15. Sigue la técnica de baquetas cuidadosamente.

186. Baja suave, dulce carroza

Canción espiritual africana-americana

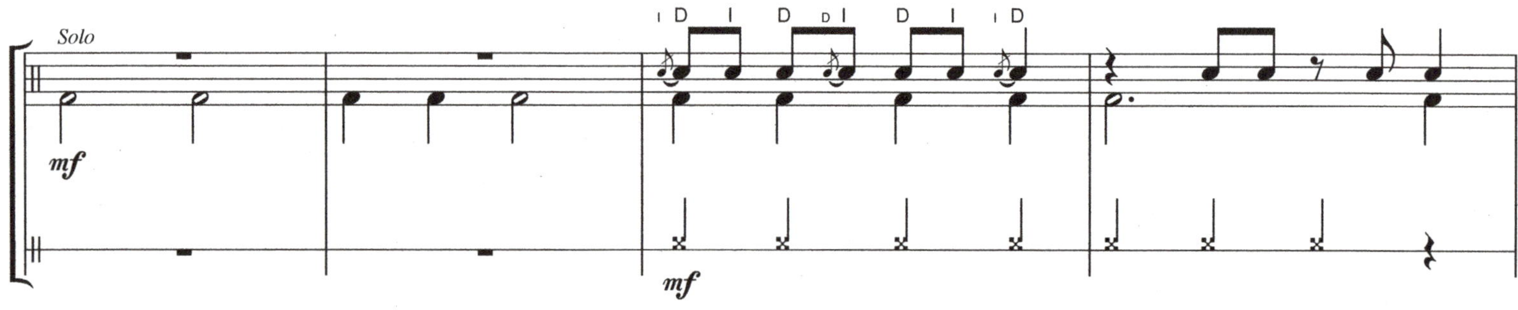

Golpe en el aro

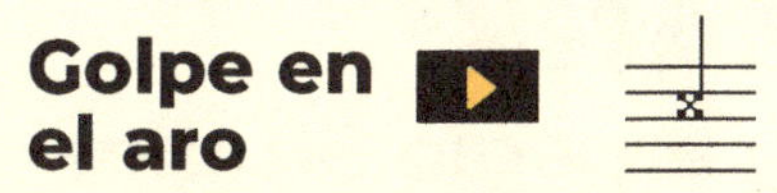

Sujeta la baqueta izquierda con el extremo trasero hacia afuera. Coloca la punta de la baqueta aproximadamente a un tercio del borde y golpea el aro con el extremo trasero de la baqueta. Un golpe en el aro normalmente se indica con un ⨯ en el espacio de la caja. Las notas regulares se tocan en el parche del tambor con la mano derecha.

187. La bamba

Canción folclórica mexicana

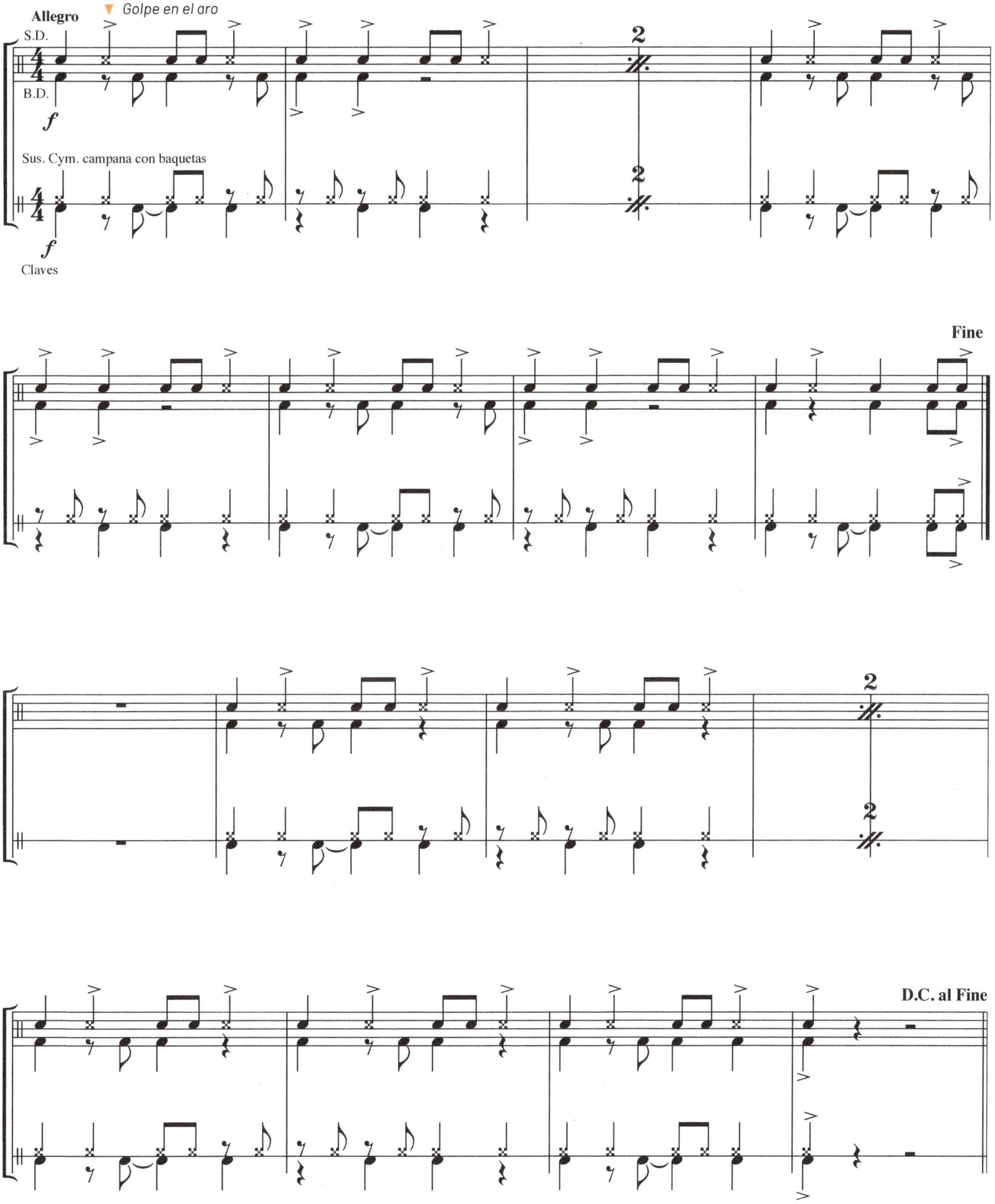
Allegro
Golpe en el aro
S.D.
B.D.
f
Sus. Cym. campana con baquetas
f
Claves
2
2
Fine
2
2
D.C. al Fine

ESTUDIOS RUDIMENTALES RUBANK®
y acompañamiento para banda completa Escala y arpegio Studies

1. **(Si♭ concertado o Mi♭ concertado)**

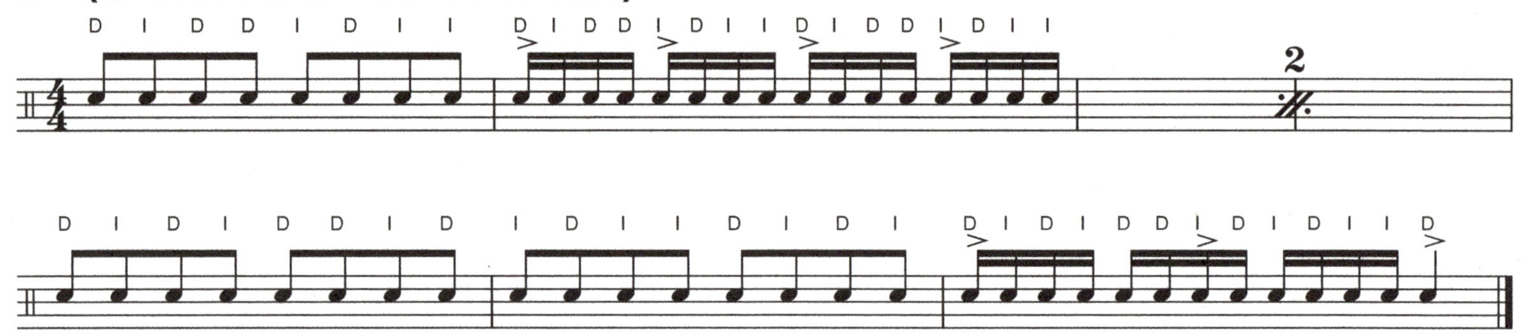

2. **(Si♭ concertado o Mi♭ concertado)**

3. **(Si♭ concertado o Mi♭ concertado)**

4. **(Si♭ concertado o Mi♭ concertado)**

ESTUDIOS RUDIMENTALES RUBANK®

y acompañamiento para banda completa Escala y arpegio Studies

1. (En Fa o La♭ concertado)

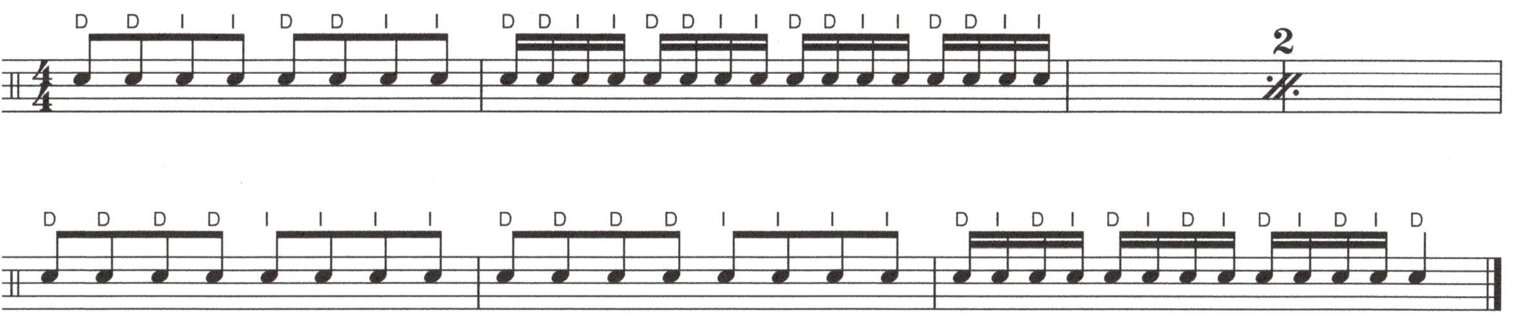

2. (En Fa o La♭ concertado)

3. (En Fa o La♭ concertado)

4. (En Fa o La♭ concertado)

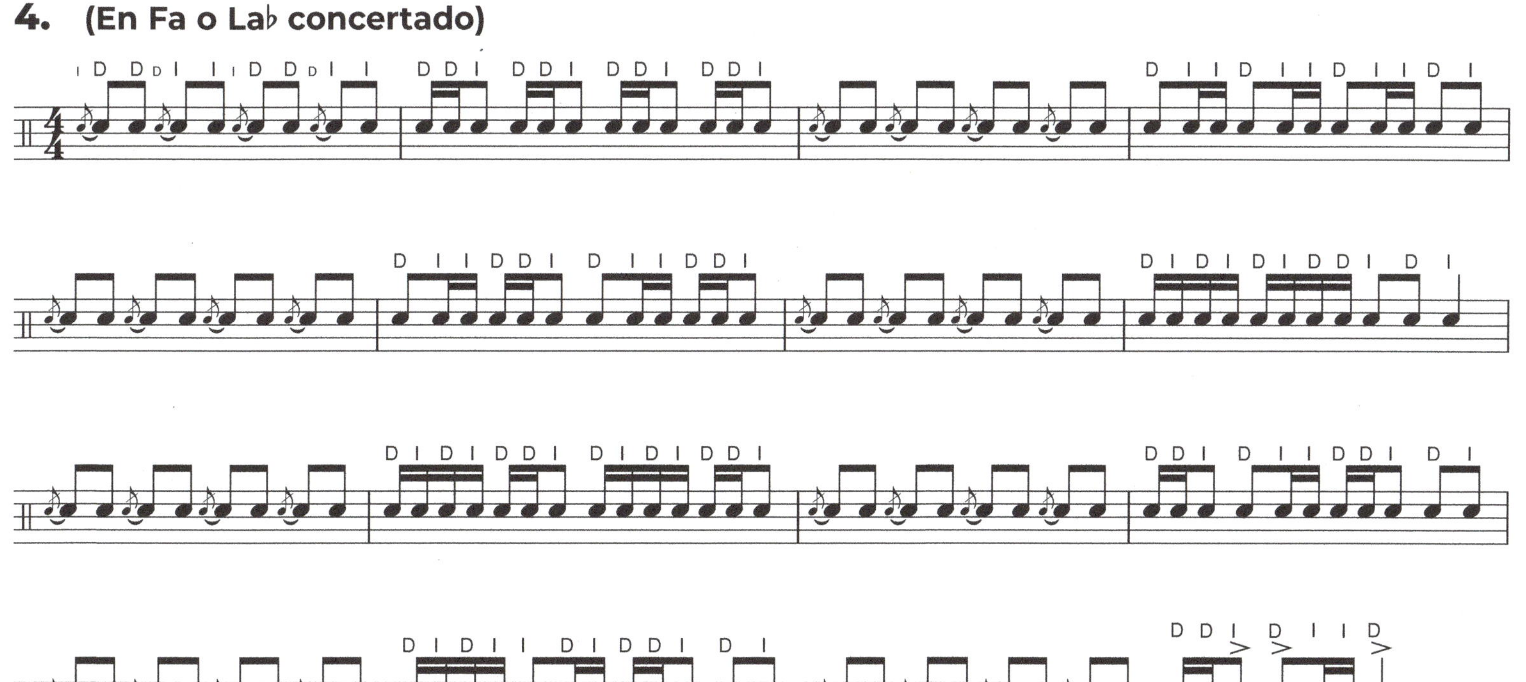

ESTUDIOS DE RITMO

ESTUDIOS DE RITMO

CREANDO MÚSICA

TEORÍA

Composición

Composición es el arte de crear música original. Usualmente empieza creando una melodía que consiste de varias **frases**, como breves oraciones musicales. Algunas melodías tienen frases que parecen responderle a las frases que parecen presentar una pregunta, como en las obra de Beethoven *"Ode To Joy"*. Toca esta melodía y escucha como las frases 2 y 4 dan respuestas un poco variadas a la misma pregunta (frase 1 y 3).

1. Oda a la alegría

Ludwig van Beethoven

1. Pregunta *2. Respuesta* *3. Pregunta* *4. Respuesta*

2. P. y R. *Escribe tu propia frase de "respuesta" en esta melodía*

1. Pregunta *2. Respuesta*

3. Pregunta *4. Respuesta*

3. Desarolladores de frases *Escribe 4 frases diferentes usando los ritmos debajo de cada pentagrama.*

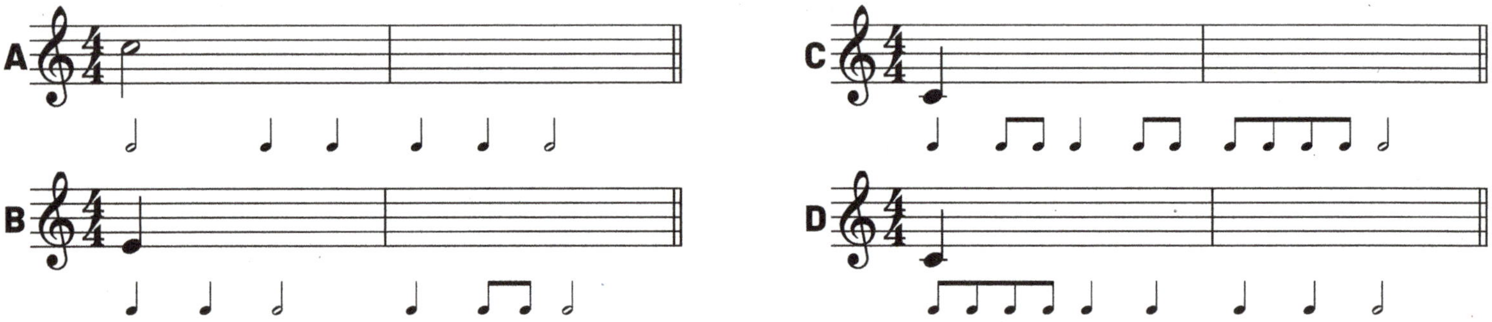

A

C

B

D

4. Créa su proprio título: ____________________

Escoge la frase A, B, C o D de arriba y escríbela como la "Pregunta" para las frases 1 y 3 debajo.
Luego escribe 2 respuestas diferentes para las frases 2 y 4.

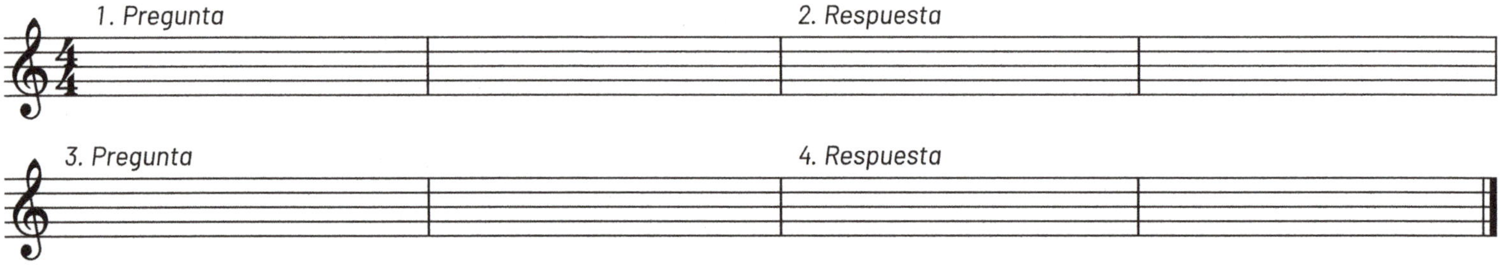

1. Pregunta *2. Respuesta*

3. Pregunta *4. Respuesta*

TEORÍA

Improvisación

La improvisación es el arte de crear libremente tu propia melodía mientras tocas. Usa estas notas para tocar tu propia melodía (Línea A), para tocar con el acompañamiento (Línea B).

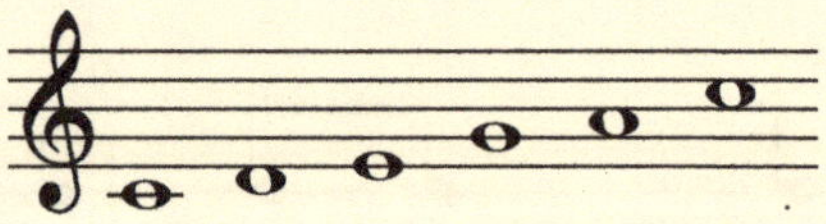

5. Melodia instante

Puedes marcar tu progreso a través del libro en esta página.
Rellena las estrellas según las instrucciones del director de la banda.

1. Página, 2-3 Los básicos
2. Página 5, EE prueba, n.º 13
3. Página 6, EE prueba, n.º 19
4. Página 7, EE prueba, n.º 26
5. Página 8, EE prueba, n.º 32
6. Página 10, EE prueba, n.º 45
7. Página 12-13, rendimiento destacado
8. Página 14, EE prueba, n.º 65
9. Página 15, creatividad esencial, n.º 72
10. Página 17, EE prueba, n.º 84
11. Página 17, creatividad esencial, n.º 85
12. Página 19, EE prueba, n.º 98
13. Página 20, creatividad esencial, n.º 104
14. Página 21, n.º 109
15. Página 22, EE prueba, n.º 117
16. Página 23, rendimiento destacado
17. Página 24, EE prueba, n.º 125
18. Página 26, creatividad esencial
19, Página 28, n.º 149
20. Página 28, EE prueba, n.º 151
21. Página 29, rendimiento destacado
22. Página 31, EE prueba, n.º 164
23. Página 32, EE prueba, n.º 168
24. Página 33, n.º 174
25. Página 35, EE prueba, n.º 181
26. Página 36, rendimiento destacado
27. Página 37, rendimiento destacado
28. Página 38, rendimiento destacado

Música – un elemento esencial de la vida

Redoblante: Rudimentos Internacionales de Batería

Todos los rudimentos deben practicarse: abiertos (lentos) o cerrados (rápidos) y/o a un tempo de marcha moderado y uniforme.

Recordatorios para el Cuidado del Instrumento

Los redoblantes necesitan afinación ocasionalmente. Pide a tu maestro que te ayude a apretar cada tornillo de tensión por igual usando una llave de tambor.

- Ten cuidado de no apretar demasiado el parche. Se puede romper si la tensión es excesiva.
- Afloja la palanca del tensor del redoblante al final de cada ensayo.
- Cubre todos los instrumentos de percusión cuando no estén en uso.
- Guarda las baquetas en un lugar de almacenamiento. ¡Mantén la sección de percusión ordenada!
- Las baquetas son lo único que debe colocarse sobre el redoblante. NUNCA pongas ni permitas que otros pongan objetos sobre ningún instrumento de percusión.

Instrumentos y fotos cortesía de Yamaha.

I. Rudimentos de Redoble

A. Rudimentos de Golpe Simple

1. Redoble de Golpe Simple

2. Golpe Simple de Cuatro

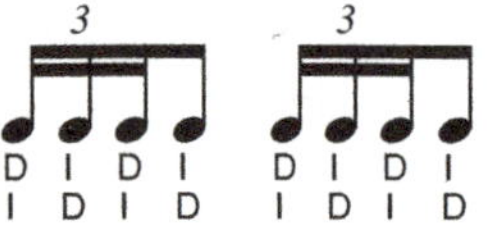

3. Golpe Simple de Siete

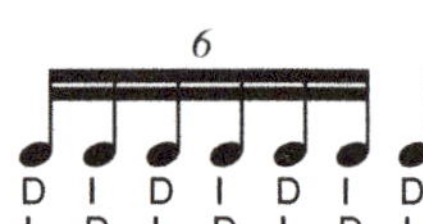

B. Rudimentos de Redoble con Rebote Múltiple

4. Redoble con Rebote Múltiple

5. Redoble de Triple Golpe

Fundamentos internacionales de percusión, cortesía de Percussion Arts Society

Redoblante: Rudimentos Internacionales de Batería

C. Rudimentos de Redoble Abierto de Doble Golpe

6. Redoble Abierto de Doble Golpe

11. Redoble de Diez Golpes

7. Redoble de Cinco Golpes

12. Redoble de Once Golpes

8. Redoble de Seis Golpes

13. Redoble de Trece Golpes

9. Redoble de Siete Golpes

14. Redoble de Quince Golpes

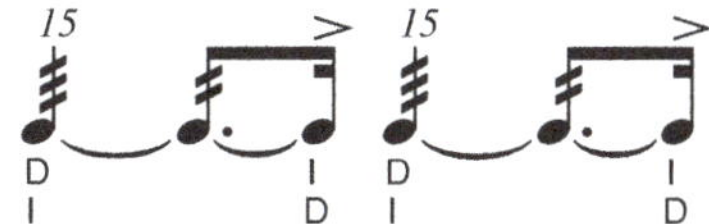

10. Redoble de Nueve Golpes

15. Redoble de Diecisiete Golpes

II. Rudimentos de Doble Golpe

16. Paradiddle Simple

18. Paradiddle Triple

17. Paradiddle Doble

19. Paradiddle-Diddle Simple

Redoblante: Rudimentos Internacionales de Batería

III. RUDIMENTOS DE FLAM

20. Flam

I D D I

21. Flam Accent

I D I D D I D I

22. Flam Tap

I D D D I I I D D D I I

23. Flamacue

24. Flam Paradiddle

25. Single Flammed Mill

26. Flam Paradiddle-Diddle

27. Pataflafla

28. Swiss Army Triplet

29. Inverted Flam Tap

30. Flam Drag

IV. RUDIMENTOS DE DRAG

31. Drag

32. Single Drag Tap

33. Double Drag Tap

34. Lesson 25

35. Single Dragadiddle

36. Drag Paradiddle #1

37. Drag Paradiddle #2

38. Single Ratamacue

39. Double Ratamacue

40. Triple Ratamacue

Índice de referencia

Definiciones (páginas)

Compositores

Música del mundo

Índice de referencia para percusión

Definiciones (páginas)

Español (inglés) página

ESSENTIAL ELEMENTS para banda

MÉTODO DE BANDA COMPRENSIVO

TIM LAUTZENHEISER • JOHN HIGGINS • CHARLES MENGHINI
PAUL LAVENDER • TOM C. RHODES • DON BIERSCHENK

Consultor y editor de percusión WILL RAPP

Traducido al español por Sara Denlinger

Banda es...

M anifestando arte musical con una familia de amistades

U tilizando nuestra dedicación para crear éxito

S uperarse a través de las alegría en trabajar unidos

I ndividuos expresándose en un idioma universal

C reatividad - expresándote en un idioma universal

A ctualizando la unión de varias personas y culturas

Banda es...**MÚSICA!**

¡A Tocar la música!
Tim Lautzenheiser

HISTORIA DEL PERCUSIÓN DE TECLADO

Los instrumentos de percusión de teclado se conocían ya alrededor del 3500 a. C. en Oriente. El xilófono es probablemente el instrumento de percusión de teclado más antiguo, mientras que el vibráfono es un invento estadounidense del siglo XX.

El propósito inicial del glockenspiel, o campanas orquestales, era ayudar a los maestros campaneros holandeses del siglo XIII a afinar sus carillones de torre. La lira de campanas, similar a este instrumento, fue utilizada por los ejércitos alemanes después de 1870. Hoy en día, los instrumentos de percusión de teclado se utilizan en bandas de marcha, bandas de concierto y orquestas.

Saint-Saëns, Mahler, Tchaikovsky y Hovhaness son compositores importantes que han incluido instrumentos de percusión de teclado en sus obras.

Entre los instrumentos de percusión de teclado más comunes se encuentran las campanas orquestales, el xilófono, la marimba, el vibráfono y las tubular bells (campanas tubulares). Clair Musser, Milt Jackson, Gary Burton y Lionel Hampton son famosos percusionistas de teclado.

ISBN 979-8-3501-5940-0

LO BÁSICO

Postura

Párate cerca de tu instrumento y mantén siempre:

- La columna recta y erguida
- Los hombros hacia atrás y relajados
- Los pies planos sobre el piso

Agarre Igualado (Una Posición Natural del Baqueteo)

Todo instrumento de percusión que requiera baquetas o mazos puede tocarse con este agarre básico. Ambas baquetas o mazos se sostienen de la misma manera, de forma "igualada".

- Coloca los mazos frente a ti con las cabezas apuntando hacia adelante.
- Extiende tu mano derecha como si fueras a saludar a alguien.
- Toma el mazo derecho con el pulgar y el dedo índice, aproximadamente a un tercio del extremo del palo.
- La curva del nudillo superior del dedo índice y el pulgar sostienen el mazo en su lugar.
- Curva suavemente los demás dedos alrededor del palo.
- Asegúrate de que el mazo esté apoyado en la palma de tu mano.
- Gira tu mano hacia abajo hasta una posición cómoda, como se muestra.
- Sigue el mismo procedimiento con la mano izquierda.

Posición de Práctica y de Interpretación

- Párate frente a una superficie plana, aproximadamente a la altura de la cintura.
- Coloca las cabezas de las baquetas sobre la superficie. Asegúrate de que tus muñecas no estén giradas hacia adentro ni hacia afuera.
- Los mazos deben formar la figura de una rebanada de pastel cuando los mires desde arriba.
- Al tocar tu instrumento, mantén los mazos a 6-8 pulgadas (15-20 cm) sobre la superficie.
- Usando la muñeca, lanza el mazo cerca del centro de una tecla. Saca el sonido de las teclas levantando el mazo después del golpe.

Cuidando tu instrumento

- Cubre todos los instrumentos de percusión cuando no se estén utilizando.
- Guarda los mazos en un área de almacenamiento. ¡Mantén la sección de percusión ordenada!
- Los mazos son lo único que debe colocarse sobre tu instrumento. NUNCA pongas ni permitas que otros pongan objetos sobre cualquier instrumento de percusión.

Ejercicios de Baqueteo (Golpe Legato)

D = mazo de la mano derecha

I = mazo de la mano izquierda

Encuentra la tecla más grande en el extremo izquierdo del instrumento. Toca el siguiente ejercicio manteniendo un pulso constante. Comienza con tu mazo en la posición arriba. Las flechas hacia abajo/arriba indican la velocidad del mazo al ejecutar los golpes legato.

● = Golpea cerca del centro de la tecla

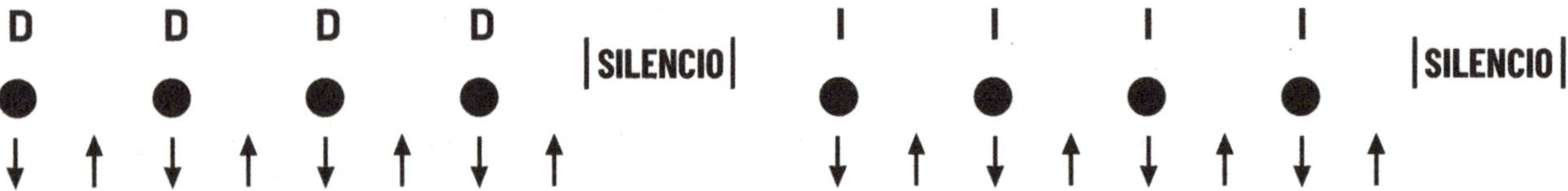

Consulta el interior de la portada para obtener información sobre cómo acceder a los videos instructivos.

Reuniéndolo todo 

Paso 1 Párate en una posición cómoda cerca del instrumento. Las teclas elevadas deben estar apuntando hacia afuera, alejadas de ti.

Paso 2 Si estás tocando campanas orquestales (glockenspiel), coloca el instrumento sobre una mesa o soporte a la altura de la cintura. Las teclas más grandes deben estar a la izquierda.

Paso 3 Ajusta el atril aproximadamente a la altura de tus ojos. Esto te permite leer la música fácilmente y observar a tu maestro.

Paso 4 Sostén los mazos como se describe en la página 2.

Paso 5 La secuencia de teclas para todos los instrumentos de percusión de teclado es la misma que la del piano. Observa que la secuencia está en orden alfabético de A a G. Este diagrama de las campanas orquestales te ayudará a encontrar F. Pídele a tu maestro que te ayude a tocar F si estás utilizando otro instrumento de percusión de teclado.

Fa#/Sol♭ Sol#/La♭ La#/Si♭ Do#/Re♭ Re#/Mi♭ Fa#/Sol♭ Sol#/La♭ La#/Si♭ Do#/Re♭ Re#/Mi♭ Fa#/Sol♭ Sol#/La♭ La#/Si♭

Fa Sol La Si Do Re Mi Fa Sol La Si Do Re Mi Fa Sol La Si Do

↑ Tu primera nota es **Fa**.

LECTURA DE MÚSICA

Identifica y dibuja cada uno de estos símbolos:

Pentagrama

El Pentagrama de Música tiene 5 líneas y 4 espacios donde se escriben notas y silencios.

Lineas adicionales

Las líneas adicionales amplían el pentagrama musical. Las notas en las líneas adicionales pueden estar por encima o por debajo del pentagrama.

Compases y lineas divisoras

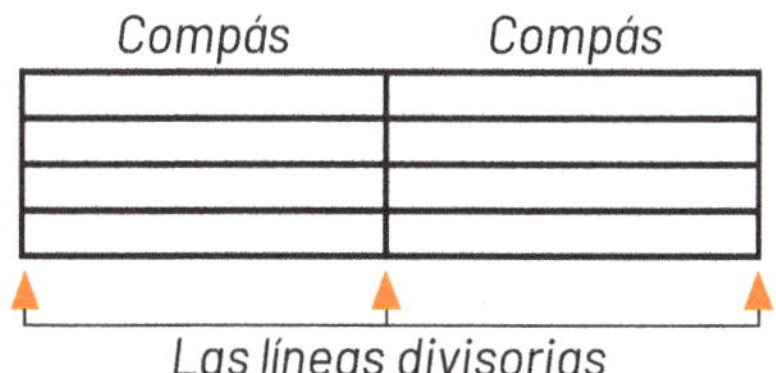

Las líneas divisorias dividen el pentagrama musical en compases.

Clarificación: La palabra compás también se refiere a la fracción numérica que aparece al principio de una canción para indicar cuantos pulsos se encuentran en un compás (el espacio entre las lineas divisoras), pero ese concepto será explicado con mas detalle después en este libro.

Tono largo

Así como los instrumentistas de viento aprenden tonos largos, los percusionistas de teclado utilizan un Golpe Legato especial.

1. La primera nota

Toca un golpe legato para cada nota nueva.

Fa

Fa | Silencio | Fa | Silencio

El Ritmo

El **ritmo** es el pulso de la música y, como los latidos del corazón, debe permanecer muy constante. Contando en voz alta y dando golpecitos con los pies nos ayuda a mantener un ritmo constante. Golpea suavemente con el pie hacia **abajo** cada número y hacia **arriba** en cada "y."

Un pulso = 1 y
↓ ↑

Notas y Silencios

Las **notas** nos dicen cuales tonos tocan (alto o bajo) dependiendo en donde aparecen en el pentagrama musical, y también nos dice que duración darles dependiendo en su forma (negra, blanca redonda, etc.). Los **silencios** indican la duración de descanso.

♩ **Nota negra** = **1 pulso de sonido**

𝄽 **Silencio de la negra** = **1 pulso de silencio**

Baqueteo alternado

un patrón de golpes mano a mano que normalmente comienza con la mano derecha.

2. Cuenta y toca

Baqueteo alternado

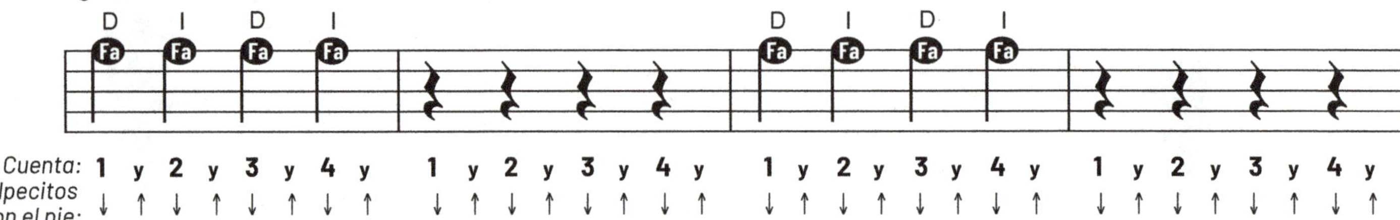

Cuenta: dar golpecitos con el pie: 1 y 2 y 3 y 4 y | 1 y 2 y 3 y 4 y | 1 y 2 y 3 y 4 y | 1 y 2 y 3 y 4 y

3. Una nota nueva

Esta nota es "Mi bemol (E♭)".

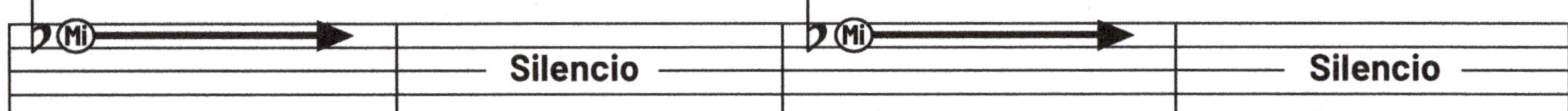

4. Dos son un equipo

5. Hacia abajo

Fa

Baqueteo doble

un patrón en el que dos notas consecutivas se tocan con la misma mano (DDII, DDII). Este patrón puede comenzar con un doble golpe de la mano derecha o un doble golpe de la mano izquierda.

6. Avanzando hacia arriba

Baqueteo doble

13. Essential Elements: Prueba *Escribe los nombres de las notas que faltan antes de empezar a tocar.*

Si♭ Do Re __ __ __ __ __ __ __ __ __ __ __

Notas en repaso
Fa
Mi♭
Re
Do
Si♭
14. Rodando
Baqueteo alternado
Continúe a la próxima línea.
Doble barra
La nota blanca
= 2 pulsos
1 y 2 y
El silencio de la blanca
= 2 pulsos de silencio
1 y 2 y
=
15. Rap de ritmo
Tocar el ritmo con palmadas mientras contando y dando golpecitos.
Palmadas
Signo de repetición
1 y 2 y 3 y 4 y 1 y 2 y 3 y 4 y 1 y 2 y 3 y 4 y 1 y 2 y 3 y 4 y 1 y 2 y 3 y 4 y 1 y 2 y 3 y 4 y
Baqueteo combinado
un patrón de golpes que combina baqueteo alterno y baqueteo doble.
16. La blanca cuenta
Baqueteo combinado
D I I D D I I D D I D I D
1 y 2 y 3 y 4 y 1 y 2 y 3 y 4 y 1 y 2 y 3 y 4 y 1 y 2 y 3 y 4 y 1 y 2 y 3 y 4 y 1 y 2 y 3 y 4 y
17. Panecitos calientes
D I D D I D D I D I D I D D D I D
Inicio con la mano derecha:
un patrón de golpes que comienza con la mano derecha y mantiene la mano derecha en los tiempos fuertes.
18. Díselo a tía Rhodie
Inicio con la mano derecha
Canción folclórica estadounidense
D D I D D D D I D I D D D I D D D I D I D
19. Essential Elements: Prueba
Usando los nombres de las notas y los ritmos que aparecen debajo, dibuja tus notas en el pentagrama antes de empezar a tocar.
EE
Mi bemol Fa Mi bemol Re Mi bemol Re Do Si bemol Do Re Mi bemol Re Mi bemol

La nota redonda

= 4 pulsos

1 y 2 y 3 y 4 y

El silencio de la redonda

= Un compás entero de silencio

1 y 2 y 3 y 4 y

El silencio de la redonda

aparece suspendido de una línea del pentagrama

El silencio de la Blanca

aparece suspendido de una línea del pentagrama

20. Rap de ritmo *Tocar el ritmo con palmadas mientras contando y dando golpecitos.*

Palmadas

1 y 2 y 3 y 4 y 1 y 2 y 3 y 4 y 1 y 2 y 3 y 4 y 1 y 2 y 3 y 4 y 1 y 2 y 3 y 4 y 1 y 2 y 3 y 4 y

21. La redonda entera

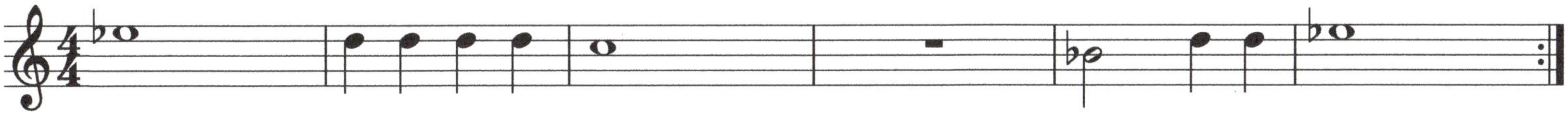

1 y 2 y 3 y 4 y 1 y 2 y 3 y 4 y 1 y 2 y 3 y 4 y 1 y 2 y 3 y 4 y 1 y 2 y 3 y 4 y 1 y 2 y 3 y 4 y

Dúo

Una composición con dos tocados juntos diferentes. Practica este dúo con un amigo o toca tú mismo las dos partes.

22. Decisión dividida – dùo

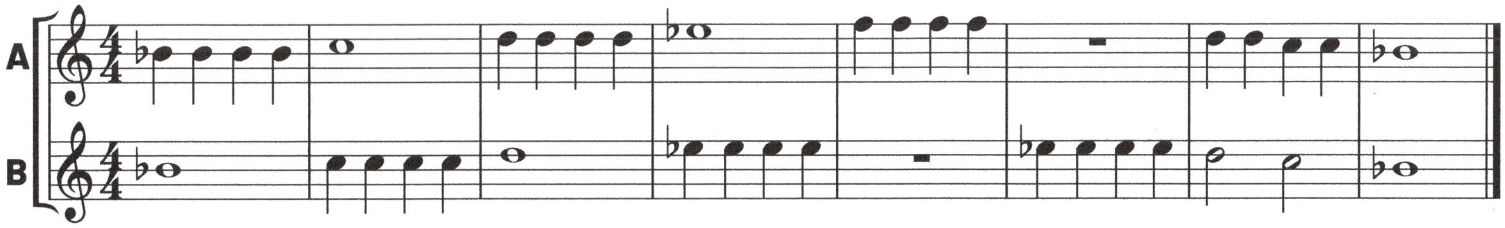

A

B

Armadura

La **armadura** nos dice cuáles notar con sostenidos (♯), o bemoles (♭) en la música. Tu armadura indica la Clave de Si bemol (B♭) – toca todas las notas "Si" y tambien "Mi" como bemoles (♭).

TEORÍA

Inicio con la mano izquierda

un patrón de golpes que comienza con la mano izquierda y mantiene la mano izquierda en los tiempos fuertes.

23. Pasos de marcha Inicio con la mano izquierda

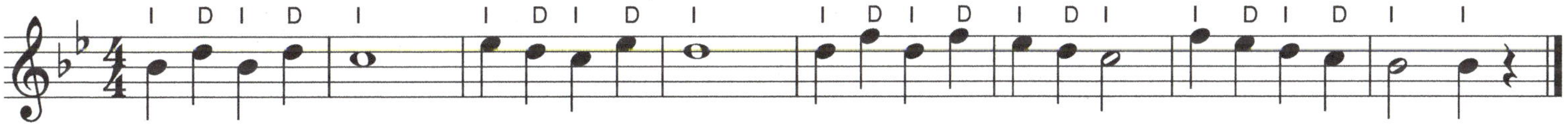

I D I D I I D I D I I D I D I D I I D I D I I

▲ *Toca Sí bemol y Mi bemol*

24. Escuchar a nuestras secciones

percusión vientos madera vientos metal percusión vientos madera vientos metal perc. maderas metales todos

Símile (*sim.*)

continúa tocando en el mismo estilo.

25. Suavemente rema Inicio con la mano derecha

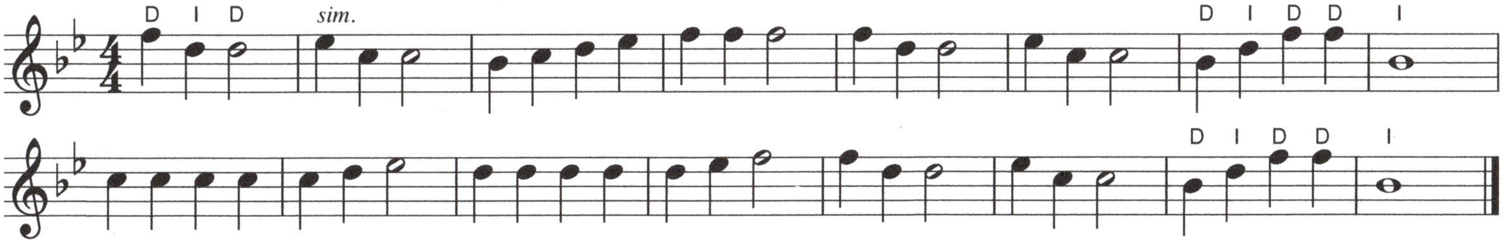

D I D *sim.* D I D D I

D I D D I

26. Essential Elements: Prueba *Dibuja las líneas que dividen cada compás antes de empezar a tocar.*

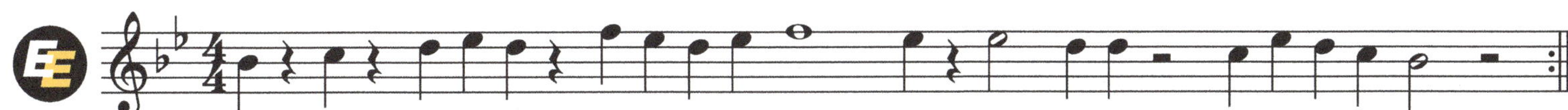

Calderón 𝄐 Sostener la nota (o silencio) por más tiempo que lo normal.

27. Llegando más alto – nota nueva

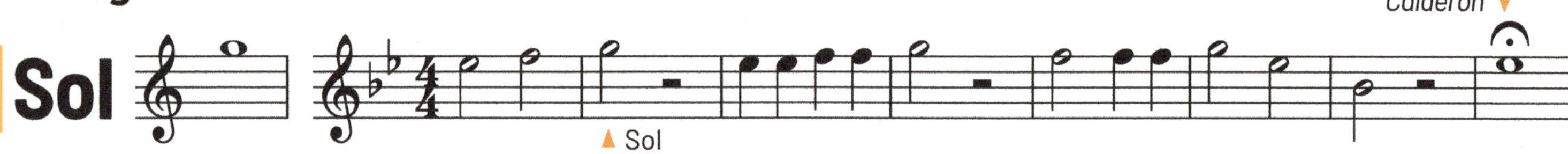

28. El claro de la luna

Inicio con la mano izquierda

Canción folclórica francesa

29. Remezcla

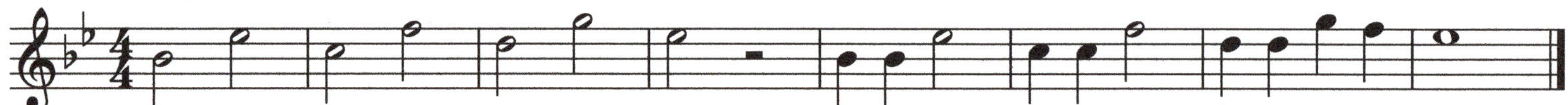

TEORÍA

Armonía Dos o más notas tocadas juntas; Cada combinación forma un *acorde*.

30. El puente de Londres – dúo

Canción folclórica inglesa

HISTORIA

Compositor Austriaco **Wolfgang Amadeus Mozart** (1756–1791) fué un niño prodigio quien empezó tocando música profesionalmente a los seis años y vivió durante el tiempo de la revolución americana. La música de Mozart es muy melódica e imaginativa. Escribió mas de 600 composiciones durante su corta vida, incluyendo una pieza para el piano basado en la famosa canción, "Twinkle, Twinkle, Little Star."

31. Una melodía de Mozart

Baqueteo doble

Adaptación

32. Essential Elements: Prueba

Dibuja estos símbolos donde corresponden y escribe las notas antes de empezar a tocar:

33. Bolsillos profundos – nota nueva

La

34. "Doodle" todo el día
Baqueteo combinado

35. Brinca soga

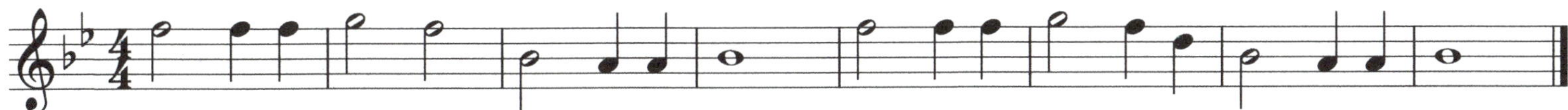

Notas preparatorias

Una o más nota(s) que vienen antes del primer compás *completo*.
Los pulsos de las notas preparatorias son removidos del último compás.

36. A-tisket, a-tasket
Baqueteo combinado

Indicadores de dinámicas

f - *forte* (tocar fuertemente) *mf* - *mezzo forte* (tocar en volumen nivel mediana)
p - *piano* (tocar suavemente)
Cuanto más alto levantes la baqueta, más fuerte sonará la nota.

37. Fuerte y suave
Palmadas

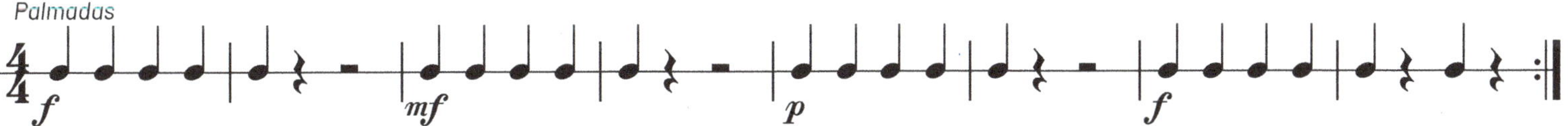

38. Cascabeles
J. S. Pierpont

39. Mi dreydl
Canción tradicional de Hanukkah

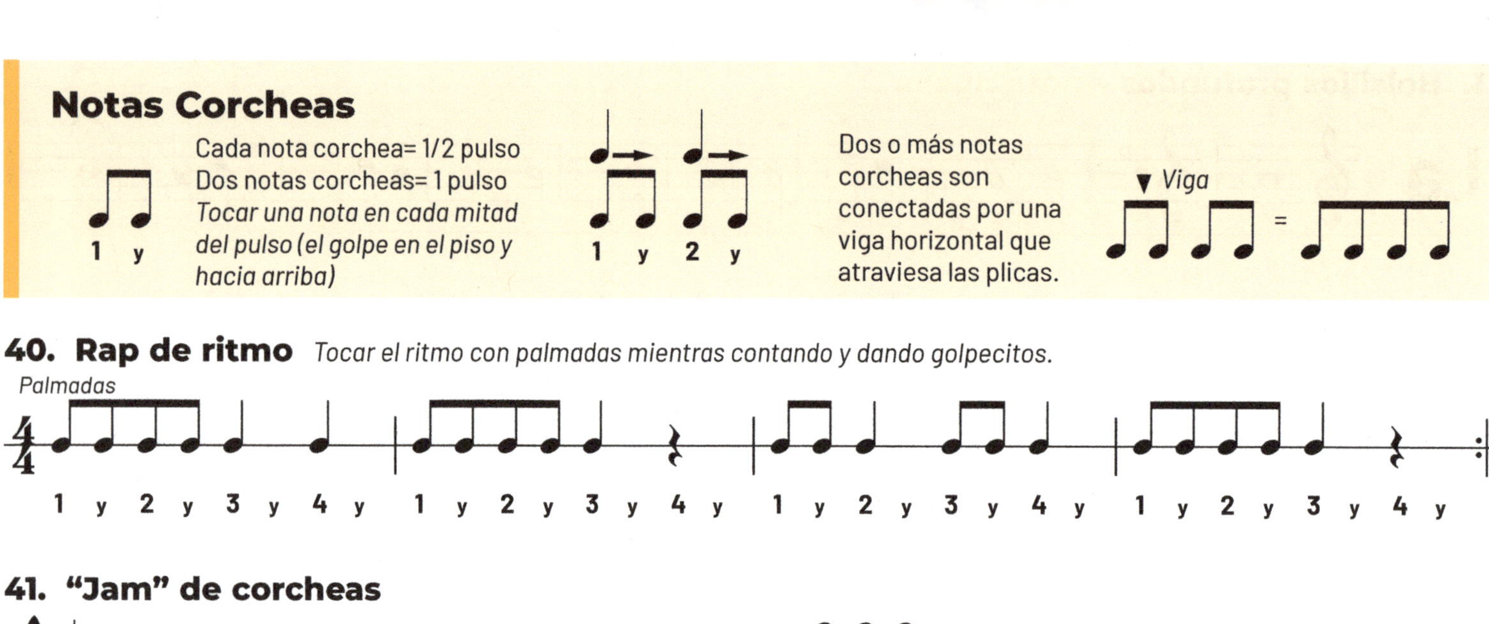

44. Rock de Montaña Caramelo

HISTORIA

Compositor Italiano **Gioachino Rossini** (1792–1868) empezó a escribir música en su adolescencia y era muy competente tocando el piano, la viola y el corno. Rossini compuso "William Tell" a los 37 años como su último de sus 40 óperas, y su tema familiar se oye todavía en televisión y radio.

45. Essential Elements: Prueba – William Tell

Gioachino Rossini

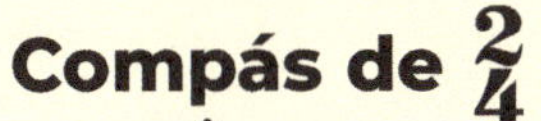

Compás de 2/4

= **2 pulsos** por cada compás
= **Nota negra** vale 1 pulso

Dirigiendo

Practica dirigir este patrón de dos pulsos

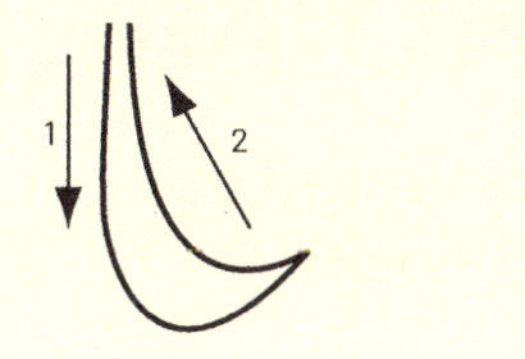

46. Ritmo rap

Palmadas

47. De dos en dos

Indicadores de tempo

"Tempo" es la velocidad de la música. Marcas de tempo generalmente se escriben sobre el pentagrama, en italiano.
Allegro – Tempo rápido **Moderato** – Tempo mediana **Andante** – Ritmo de marcha o caminar más lento

48. Marcha de cadetes secundarios

John Philip Sousa

49. ¡Oye! Nadie esta en casa – nota nueva

Dinámicas

Crescendo
(gradualmente aumentando el volumen)

Decrescendo o ***Diminuendo***
(gradualmente reduciendo el volumen)

50. Toca las dinámicas con palmadas

Palmadas

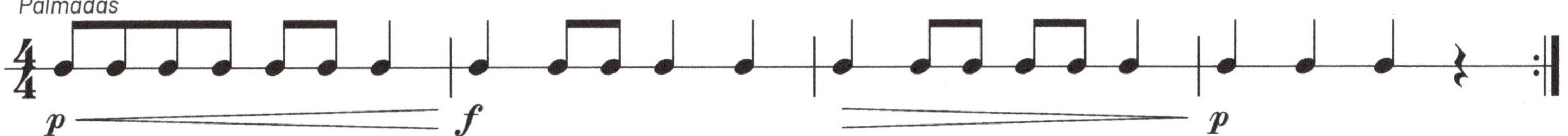

51. Toca las dinámicas

¿Buscas más música divertida para tocar? Consulte la portada interior para obtener instrucciones sobre cómo acceder a las canciones adicionales populares y recientes.

RENDIMIENTO DESTACADO

52. Calentamientos

Desarrollador de tono

Estudio de ritmo Baqueteo combinado

Rap de ritmo

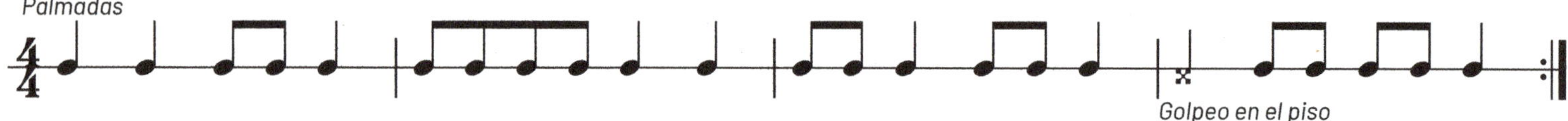

Coral

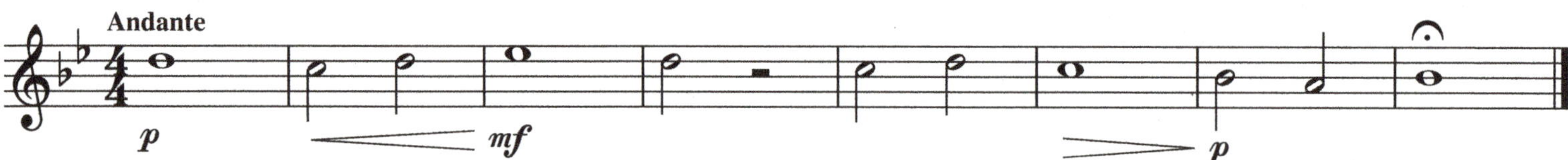

Baqueteo melódico un enfoque que combina todos los distintos patrones de baqueteo para lograr la mejor interpretación de la pieza.

53. Aura Lee – dúo o arreglo para banda

Baqueteo melódico con dobles

(Parte A= melodía, Parte B= armonía)

George R. Poulton

54. Frère Jacques – Canon

(Cuando el grupo A llega a ②, el grupo B comienza en ①)

Baqueteo melódico

Canción folclórica francesa

RENDIMIENTO DESTACADO

55. Cuando los santos entran marchando – arreglo de banda

Arr. por John Higgins

56. Viejo MacDonald tenía una banda – presentación para secciones

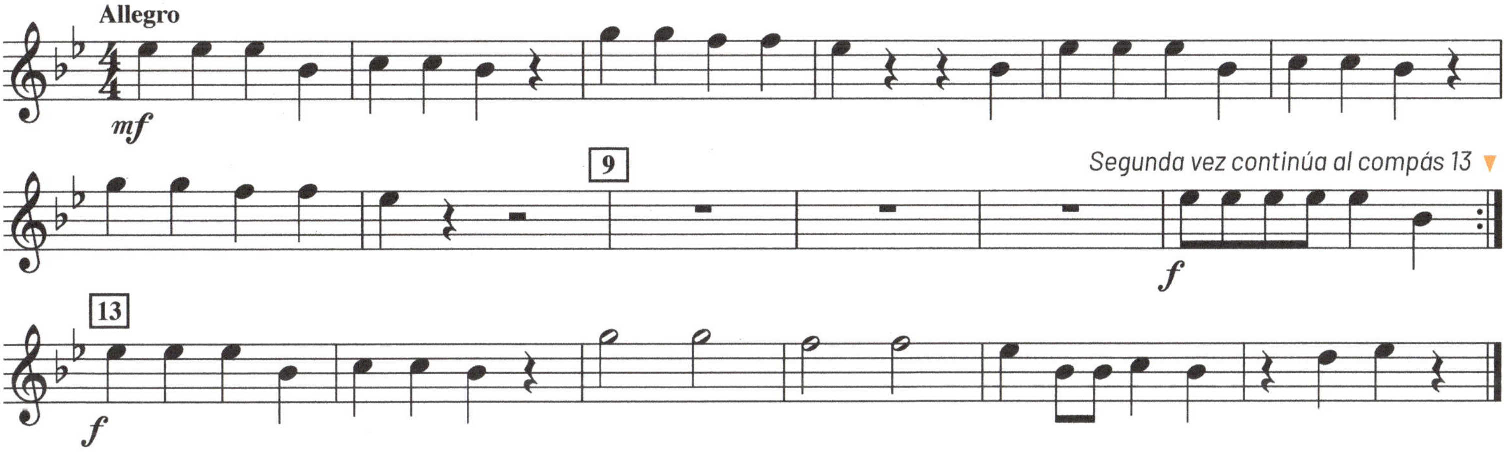

57. Himno a la alegría (de la Sinfonía n.° 9)

Ludwig van Beethoven
Arr. por John Higgins

58. Blues de "rock" duro – bis

John Higgins

Ligadura

Una línea curva que conecta notas del mismo tono.
Toca una nota durante el tiempo total de las notas.

59. Listo para ser ligados

60. Alouette

Canción folclórica francocanadiense

Nota blanca con puntillo

1 y 2 y 3 y

Puntillo

Un puntillo añade la mitad del valor de la nota.

2 pulsos + 1 pulso = 3 pulsos

61. Alouette – la secuela

Canción folclórica francocanadiense

62. Está lloviendo

63. Rumbos nuevos – nota nueva

Fa

64. Los nobles

65. Essential Elements: Prueba

$\frac{3}{4}$ Compás (Ligadurampo)

= **3 pulsos** por cada compás
= **Nota Negra** recibe un pulso

Dirigiendo

Practica dirigir esta patrón de 3 pulsos

TEORÍA

66. Ritmo rap

Palmadas

1 y 2 y 3 y 1 y 2 y 3 y 1 y 2 y 3 y 1 y 2 y 3 y 1 y 2 y 3 y 1 y 2 y 3 y 1 y 2 y 3 y 1 y 2 y 3 y

67. Jam de tres pulsos

1 y 2 y 3 y 1 y 2 y 3 y 1 y 2 y 3 y 1 y 2 y 3 y 1 y 2 y 3 y 1 y 2 y 3 y 1 y 2 y 3 y 1 y 2 y 3 y

68. Barcarolle

Jacques Offenbach

Moderato

mf

El compositor noruego **Edvard Grieg** (1843-1907) escribió *Peer Gynt Suite* para una obra de teatro de Henrik Ibsen en 1875, un año antes de que el teléfono fue inventado por Alexander Graham Bell. "Morning" es una melodía de *Peer Gynt Suite*. La música utilizada en obras de teatro o películas se denomina **música incidental**.

HISTORIA

69. Mañana (Peer Gynt)

Edvard Grieg

Andante

p *mf* *p*

Signo de acentuación

Enfatiza la nota.

70. Acentúa tu talento

Palmadas

La música latinoamericana tiene sus raíces en las culturas africana, nativa americana, española y portuguesa. Esta diversa música se caracteriza por vibrantes acompañamientos de tambores y otros instrumentos de percusión como maracas y claves. La música latinoamericana continúa influyendo la música de jazz, clásica y los estilos populares. "Chiapanecas" es una popular canción infantil de baile y juego.

HISTORIA

71. Chiapanecas

Canción folclórica latinoamericana

f

72. Creatividad Esencial

Compone tu propia música para los compases 3 y 4 utilizando este ritmo:

TEORÍA

Alteración

Cualquier signo sostenido, bemol o natural que aparece en la música sin estar en la armadura se llama una **alteración**.

Bemol ♭

Un **bemol** baja el tono de una nota por medio tono. La nota La bemol suena medio tono por debajo de La, y todas las notas La se convierten en La bemol durante el resto del compás donde aparecen.

73. Panecitos calientes – nota nueva

▼ *El bemol se aplica a cada La (A) en el compás.*

74. Baile cosaca

75. Blues básico – nota nueva

El bemol se aplica a cada La (A) en el compás.

TEORÍA

Armadura Nueva

Esta Armadura indica la clave de Mi Bemol (E♭)- Toca cada Si (B), cada Mi (E♭) y cada La (A) como bemoles.

Primeras y Segundas Terminaciones

1. 2.

Toca la sección repetida hasta el final de la Primera Terminación. Repite la sección indicada, omitiendo la Primera Terminación y saltando a la Segunda Terminación.

76. Altos vuelos

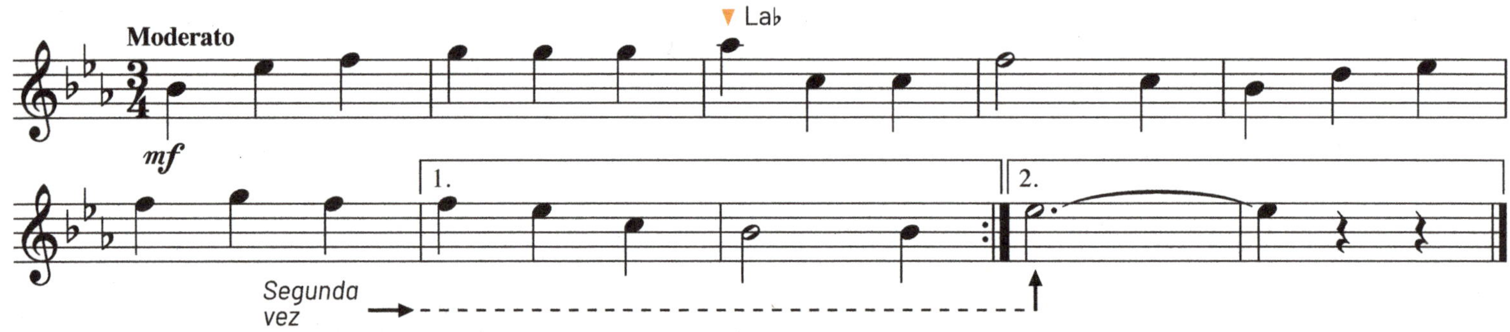

HISTORIA

La **música folclórica japonesa** en actualidad tiene sus orígenes en la antigua China. "Sakura, Sakura" se interpretaba con instrumentos como el **koto**, un instrumento de 13 cuerdas con más de 4000 años de antigüedad, y también con el **shakuhachi** o flauta de bambú. El sonido único de esta antigua melodía japonesa se debe a la secuencia pentatónica (o secuencia de cinco notas) utilizada en este sistema tonal.

77. Sakura, sakura – arreglo de banda

Canción folclórica japonesa
Arr. por John Higgins

78. Sobre la azotéa

79. Alegre viejo San Nicolas – dúo

Consulte la página 9 para música navideña adicional, Mi dreydl y Cascabeles.

80. La gran corriente de aire – nota nueva

81. Tema de vals (Vals de la viuda alegre)

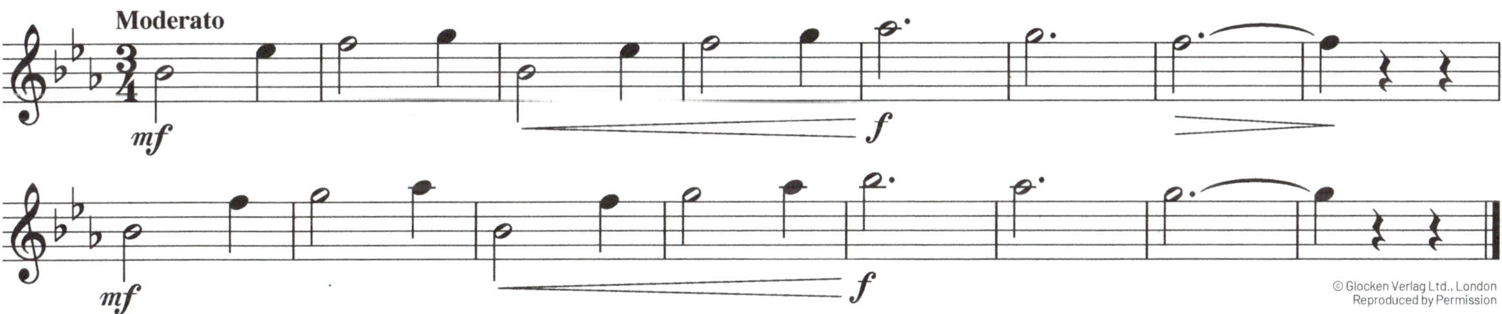

82. Tiempo de aire

83. Allá por la estación

84. Essential Elements: Prueba

85. Creatividad Esencial *Usando estas notas, improvisa tus propios ritmos:*

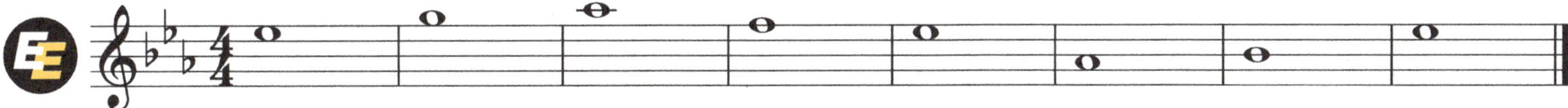

DESARROLLADOR DE TONO *Entrenamientos para tono y técnica*

86. Desarrollador de tono

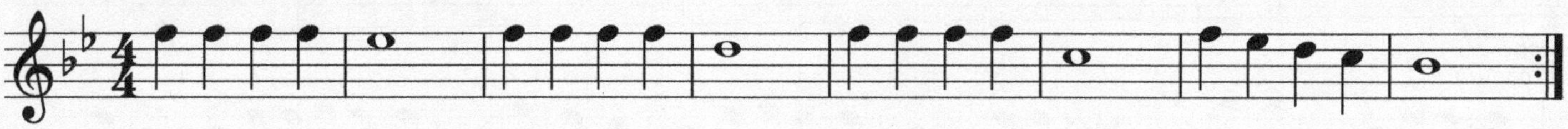

87. Desarrollador de ritmo

88. Ejercicios de técnica

89. Coral *adaptado de la Cantata 147*

Johann Sebastian Bach

p

Tema y variación

Una forma musical que presenta un **tema** o melodía principal, seguido por **variaciones** o versiones alteradas del tema.

90. Variaciones sobre un tema conocido

D.C. al Fine

En el **D.C. al fine** toca de nuevo desde el principio, deteniéndose en **fine**.
D.C. es la abreviación para **Da Capo** o "al principio" y **fine** significa el final.

91. Canción del barco banana

Canción folclórica caribeña

Becuadro ♮

Un **becuadro** cancela un bemol o un sostenido y permanece en efecto durante todo el compás.

TEORÍA

92. Filo de navaja – nota nueva

Mi

93. La caja de música

Las canciones **espirituales afroamericanas** se originaron en los 1700's a mediados del período de la esclavitud en Estados Unidos. Una de las categorías más grandes de la auténtica música folclórica estadounidense, estas canciones, principalmente religiosas, se cantaron y se transmitieron de generación en generación sin ser escritas. La primera colección de espirituales se publicó en 1867, cuatro años después de la promulgación de la Proclamación de Emancipación.

HISTORIA

94. Ezekiel vió la rueda

Canción espiritual africana-americana

95. Operador hábil

96. Deslizando

El ragtime es un estilo musical norteamericano popular desde la década de 1890 hasta la primera guerra mundial. Esta forma temprana de jazz dio fama a pianistas como "Jelly Roll" Morton y Scott Joplin, autores de "The Entertainer" y "Maple Leaf Rag". Sorprendentemente, el estilo se incorporó a algunas obras orquestales de Igor Stravinsky y Claude Debussy. Los trombones ahora aprenden a tocar el glissando, una técnica utilizada en el ragtime y otros estilos musicales.

HISTORIA

97. Rag de trombón

98. Essential Elements: Prueba

99. Tomar la delantera – nota nueva

TEORÍA

Frase Una "oración" musical que comúnmente tiene 2 o 4 compases.

100. El viento frío

101. Fraseología

TEORÍA

Armadura nueva

Esta **Armadura** indica la Clave de Fa (F). Tocar cada Si (B) como bemol (B♭)

Silencios de compases multiples

El número sobre en pentagrama indica cuantos compases completos requieren silencio. Contar cada compás de silencio en secuencia:

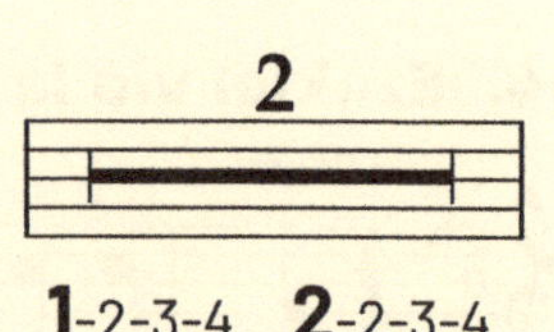

Redoble Alternar rápidamente golpes simples de manera lo más suave posible. Terminar el redoble en la nota ligada o en el último tiempo con la misma mano que lo inició. Los redobles se encuentran generalmente en la música para xilófono y marimba.

102. Latin Satinado

HISTORIA

El compositor alemán **Johann Sebastian Bach** (1685–1750) fue parte de una gran familia de músicos famosos y se convirtió en el compositor más reconocido de la época barroca. Comenzando como miembro del coro, Bach pronto se convirtió en organista, profesor y compositor prolífico, que escribió más de *600 obras* maestras. Este Minueto, o danza en compás de 3/4, fue escrita como una pieza didáctica para su uso con una forma temprana del piano.

103. Minuet – dúo

Johann Sebastian Bach

104. Creatividad Esencial

Esta melodía se puede tocar en 3/4 o 4/4. Dibuja a lápiz cualquiera de las dos compases, dibuja las líneas divisorias y toca la canción. Ahora borra las líneas divisorias y prueba con el otro compás. ¿Suenan diferentes las frases?

105. Naturalmente

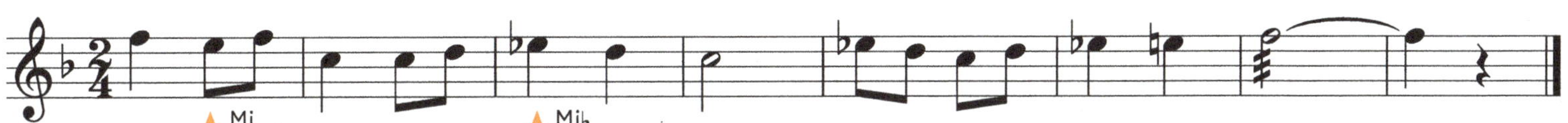

El compositor austriaco **Franz Peter Schubert** (1797–1828) vivió una vida más corta que cualquier otro gran compositor, pero creó una increíble cantidad de música: más de 600 canciones artísticas (música de concierto para voz y acompañamiento), diez sinfonías, música de cámara, óperas, obras corales y piezas para piano. Su "Marcha militar" fue originalmente un dúo de piano.

HISTORIA

106. Marcha militar – nota nueva

Franz Schubert

107. La zona plana – nota nueva

108. Encima de viejo Smokey

Canción folclórica estadounidense

El boogie-woogie es un estilo de **blues**, y fue grabado por primera vez por el pianista Clarence "Pine Top" Smith en 1928, un año después del vuelo en solitario de Charles Lindbergh a través del Atlántico. La música blues, como una forma de jazz, presenta notas alteradas y generalmente se escribe en versos de 12 compases, como "Boogie del bajo de abajo".

HISTORIA

109. Boogie del bajo de abajo – dúo

Notas negras con puntillo y corcheas
= 2 pulsos
1 y 2 y
Un punto añade la mitad del valor de la negra.
1 y 2 y
Una sola corchea tiene una bandera en la plica.
110. Rap de ritmo
Palmadas
1 y 2 y 3 y 4 y 1 y 2 y 3 y 4 y 1 y 2 y 3 y 4 y 1 y 2 y 3 y 4 y
111. El punto siempre cuenta
1 y 2 y 3 y 4 y 1 y 2 y 3 y 4 y 1 y 2 y 3 y 4 y 1 y 2 y 3 y 4 y
112. Toda la noche
Fine
D.C. al Fine
mf
p
113. Chabolas de mar
Canción folclórica inglesa
Moderato
f
mf
f
114. La feria de Scarborough
Canción folclórica inglesa
Andante
mf
f
mf
p
115. Rap de ritmo
Palmadas
1 y 2 y 3 y 4 y 1 y 2 y 3 y 4 y 1 y 2 y 3 y 4 y 1 y 2 y 3 y 4 y
116. El cambio de rumbo
1 y 2 y 3 y 4 y 1 y 2 y 3 y 4 y 1 y 2 y 3 y 4 y 1 y 2 y 3 y 4 y
117. Essential Elements: Prueba – Auld lang syne
Canción folclórica escocesa
Andante
mf
f
Revisa el ritmo

RENDIMIENTO DESTACADO

Solo con Acompañamiento de Piano

Puedes realizar este solo con o sin un pianista acompañante. Tócalo para la banda, la escuela o tu familia. Este pasaje forma parte de la **Sinfonía #9 ("Del Mundo Nuevo")** del compositor checo **Antonin Dvorák** (1841-1904). Él escribió la obra mientras visitaba Estados Unidos en 1893, y se inspiró para incluir melodías de canciones folclóricas y espirituales estadounidenses. Este es el tema Largo (o "tempo muy lento").

118. Tema de "Sinfonía del nuevo mundo"

Antonin Dvorák

Los grandes músicos animan a sus compañeros intérpretes. En esta página, los clarinetistas aprenden el registro superior de sus instrumentos en los "Saltos de gorila granadilla" (llamado así por la madera de granadilla utilizada para hacer clarinetes). Los músicos de instrumentos metales aprenden las ligaduras de labios, un nuevo patrón de calentamiento. El éxito de tu banda depende del esfuerzo y el estímulo de todos.

119. Salto de gorila granadilla n.° 1

120. Saltando arriba y abajo

121. Salto de gorila granadilla n.° 2 – nota nueva

122. Saltando con alegría

123. Salto de gorila granadilla n.° 3

124. Saltos de tijera

TEORÍA

Intervalo

La distancia entre dos tonos es un **intervalo**. Comenzando con "1" en la nota más baja, cuenta cada línea y espacio entre las notas. El número de la nota más alta es la distancia del intervalo.

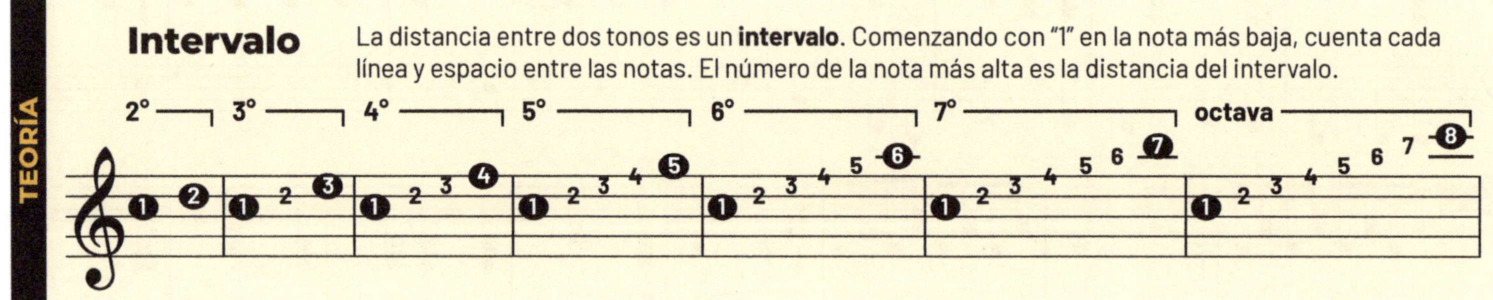

125. Essential Elements: Prueba

Escribe los números de los intervalos, contando hacia arriba desde las notas más bajas.

Canciones adicionales están disponibles en línea. Consulte la portada interior para obtener más detalles.

126. Salto de gorila granadilla n.º 4

127. Tres es la cuenta

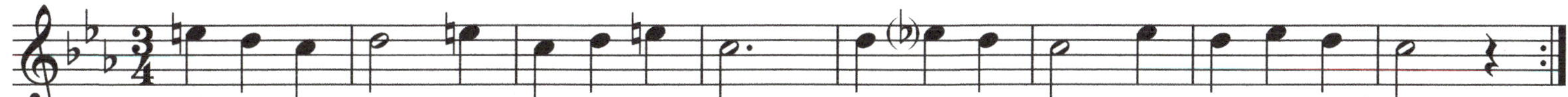

128. Salto de gorila granadilla n.º 5

129. Ejercicios de técnica

130. Cruzando

Trío

Un **trío** es una composición con tres partes tocadas juntas.
Practica este trío con otros dos músicos y escucha la armonía a 3 voces.

131. Kum bah yah – trío *Compruebe siempre la armadura*

Canción folclórica africana

Moderato

A
mf

B
mf

C
mf

A
p

B
p

C
p

137. Creatividad Esencial

Crea tus propias variaciones dibujando un punto y una bandera para cambiar el ritmo de cualquier compás de ♩ ♩ *a* ♩. ♪

EE

138. Saltos fáciles de gorila

139. Ejercicios de técnica *Compruebe siempre la armadura.*

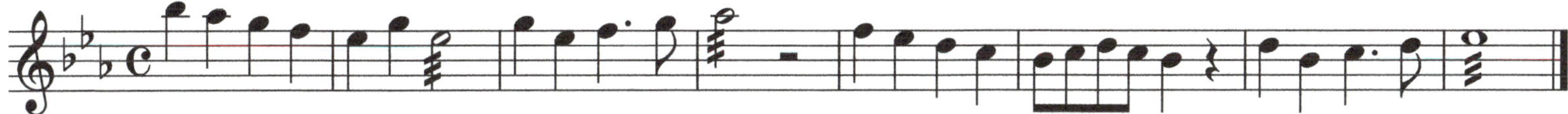

140. Otro ejercicio de técnica

141. Canción alemana folclórica

142. Cuando los santos vuelven a marchar

James Black y Katherine Purvis

143. Paseo de los gorila de tierra-baja

144. Navegación tranquila

145. Más saltos de gorila

146. Cobertura total

Escala

TEORÍA

Una **escala** es una secuencia de notas en orden ascendente o descendente. Como una "escalera" musical, cada escala de paso es la siguiente nota consecutiva en la tonalidad. Esta escala está en tu clave de Si bemol (B♭), usando dos bemoles. La dos notas mas superior e inferior son ambas Si bemoles. El intervalo entre las dos es de una octava.

147. Escala de Si bemol

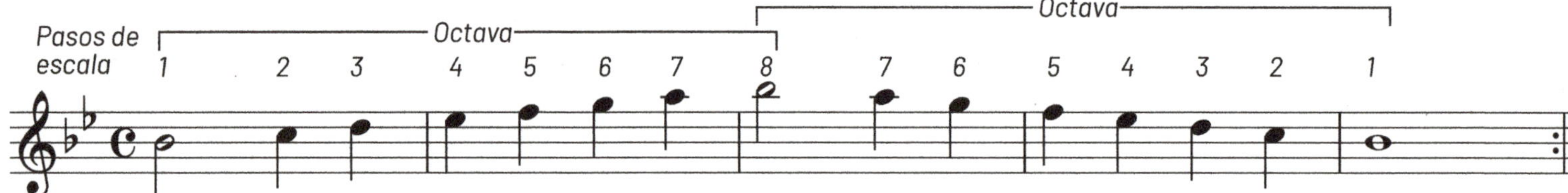

Acorde y Arpegios

TEORÍA

Cuando dos o más notas se tocan juntas, forman un acorde o armonía. Este acorde de Si bemol se construye a partir de los pasos 1º, 3º y 5º de la escala de Si bemol (B♭). El octavo paso es el mismo que el 1º, pero es una octava más alta. Un arpegio es un acorde "fragmentado" cuyas notas se tocan individualmente.

148. En armonía

Divida las notas de los acordes entre los miembros de la banda y tóquenlos juntos. ¿Suena el arpegio como un acorde?

149. Escala y arpegio

HISTORIA

El compositor austriaco **Franz Josef Haydn** (1732-1809) escribió 104 sinfonías. Muchas de estas obras tenían apodos e incluían efectos brillantes y únicos para su época. *Su sinfonía N.º* 94 fue llamada "La sinfonía sorpresa" porque el suave segundo movimiento incluía una dinámica repentina y fuerte, destinada a despertar a un público a menudo adormecido. Presta atención especial a la dinámica cuando toques este famoso tema.

150. Tema de la Sinfonía sorpresa

Franz Josef Haydn

151. Essential Elements: Prueba – Las calles de Laredo

Canción folclórica estadounidense

Escribe los nombres de las notas antes de tocar

RENDIMIENTO DESTACADO

152. Espíritu escolar – arreglo de banda

W.T. Purdy
Arr. por John Higgins

Estilo de marcha
f
5
Número de compás
mf
13
21
29
f
1.
2.

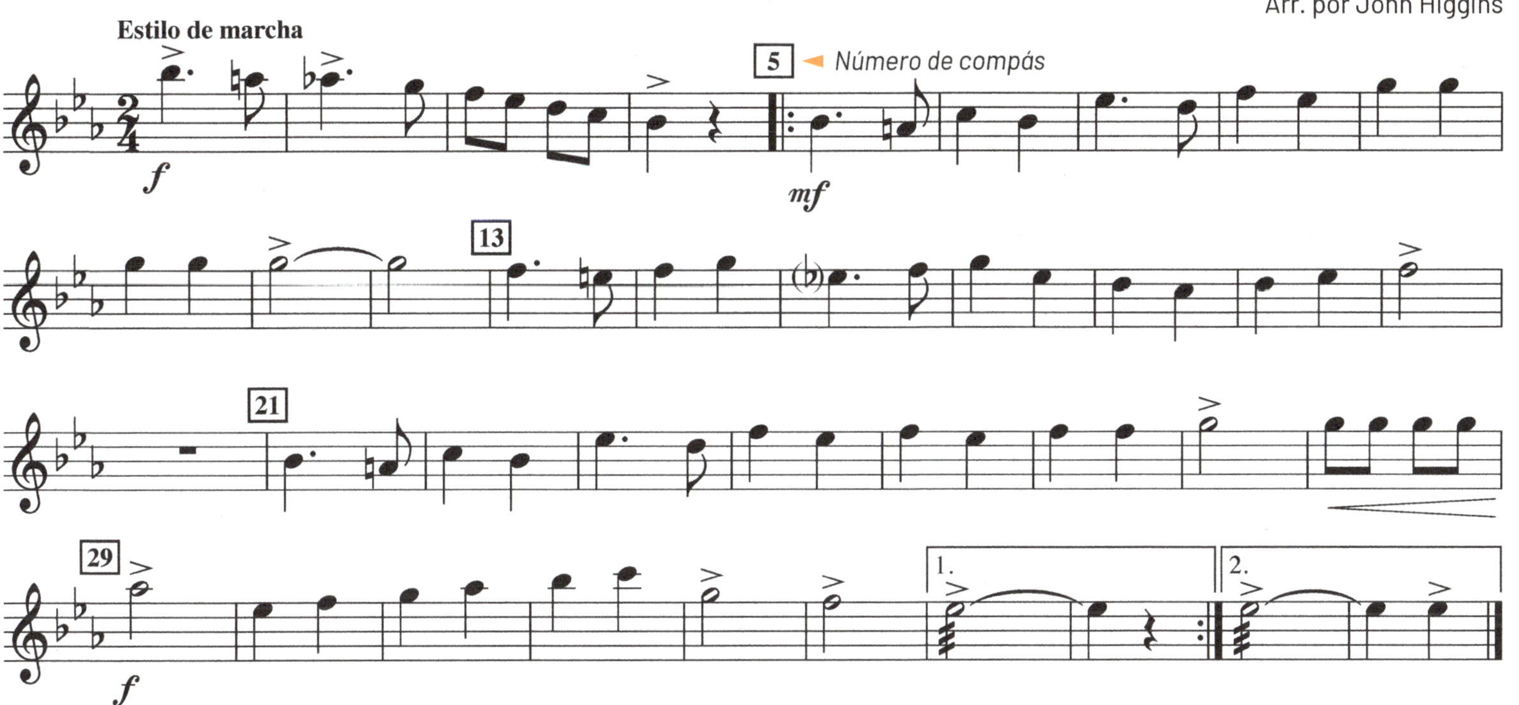

Soli

Mientras tocando música indicado como **Soli**, eres parte de un "solo" para un grupo entero. Escucha cuidadosamente durante "Carnaval de Venezia" e identifica el nombre de los instrumentos que tocan la parte del Soli en cada compás indicada.

153. Carnaval de Venezia – arreglo de banda

Julius Benedict
Arr. por John Higgins

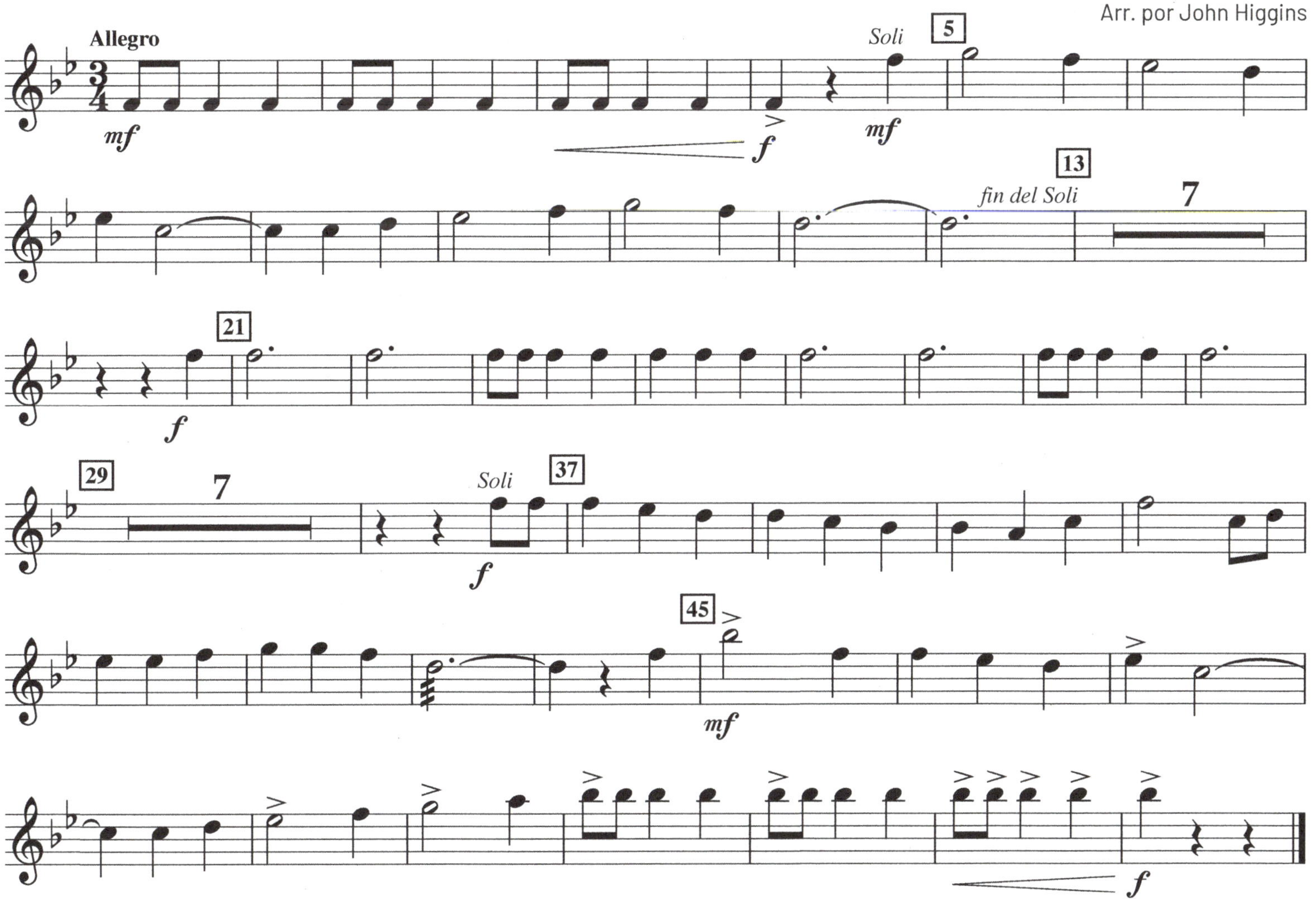

Allegro
mf
f
Soli
5
mf
13
fin del Soli
7
21
f
29
7
Soli
37
f
45
mf
f

CALENTAMIENTOS DIARIOS *EJERCICIOS PARA TONO Y TÉCNICA*

154. Desarrollador de registro y flexibilidad

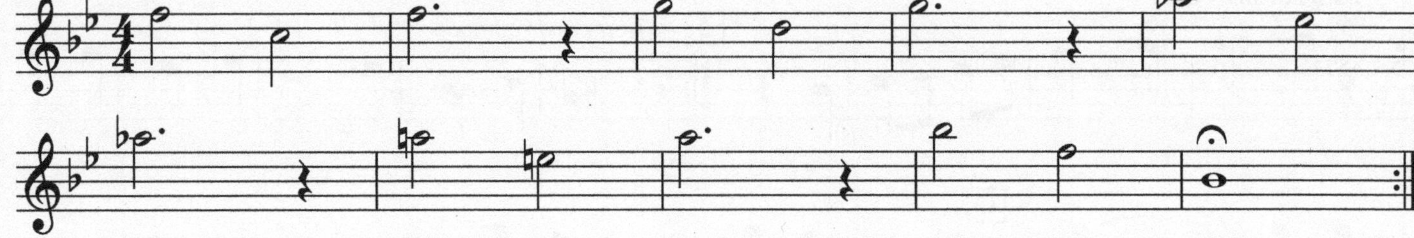

155. Ejercicios de técnica

156. Coral

Johann Sebastian Bach

HISTORIA

La melodía tradicional hebrea "Hatikvah" ha sido el himno nacional de Israel desde el inicio de la nación. En la declaración de estado de 1948, fue cantada por la asamblea reunida durante la ceremonia de apertura y fue interpretada por miembros de la Orquesta Sinfónica de Palestina al concluir.

157. Hatikvah

Himno nacional israelí

Nota corchea y silencio de corchea

♪ = 1/2 pulso de sonido
𝄾 = 1/2 pulso de silencio

158. Rap de ritmo

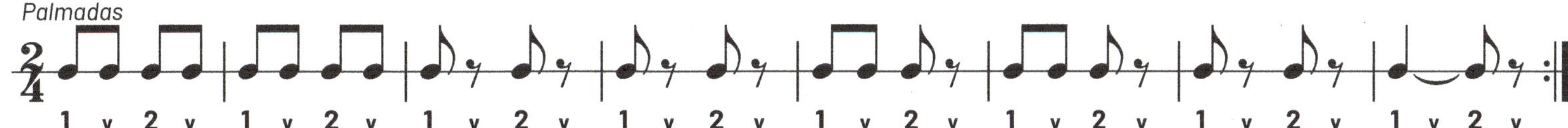

159. Marcha de corcheas

160. Minuet

Johann Sebastian Bach

161. Rap de ritmo

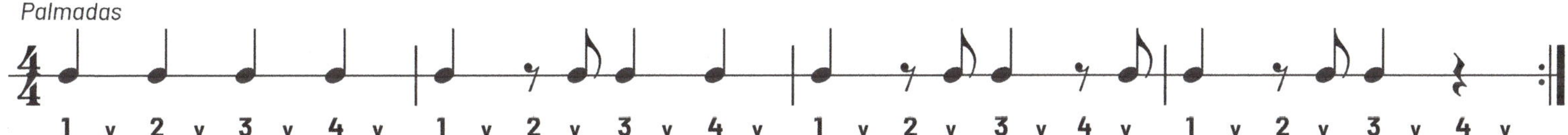

162. Corcheas después del pulso

163. Corcheas revueltas

164. Essential Elements: Prueba

165. Melodía de baile – nota nueva

HISTORIA

El compositor y director de orquesta estadounidense **John Phillip Sousa** (1854-1892) escribió 136 marchas. Conocido como "El rey de la marcha". Sousa escribió *The Stars and Stripes Forever, Semper Fidelis, The Washington Post* y muchas otras obras patrióticas. La banda de Sousa tocó en todo el país, y su fama ayudó aumentar la popularidad de las bandas en Estados Unidos. Aquí hay una melodía de su famosa opereta y marcha *El capitán*:

166. El capitán

John Philip Sousa

HISTORIA

O Canadá, anteriormente conocido como "la canción nacional", se representó por primera vez en el año 1880 en el Canadá Francés. Robert Stanley Weir tradujo la versión ingles en el año 1908, pero la canción no fue adoptada como el himno nacional de Canadá hasta el año 1980, cien años después de su estreno.

167. O Canadá

Calixa Lavallee,
l'Hon. Judge Routhier y Justice R.S. Weir

168. Essential Elements: Prueba – Meter mania *Contar y palmadas antes de tocar. ¿Puedes dirigir esto?*

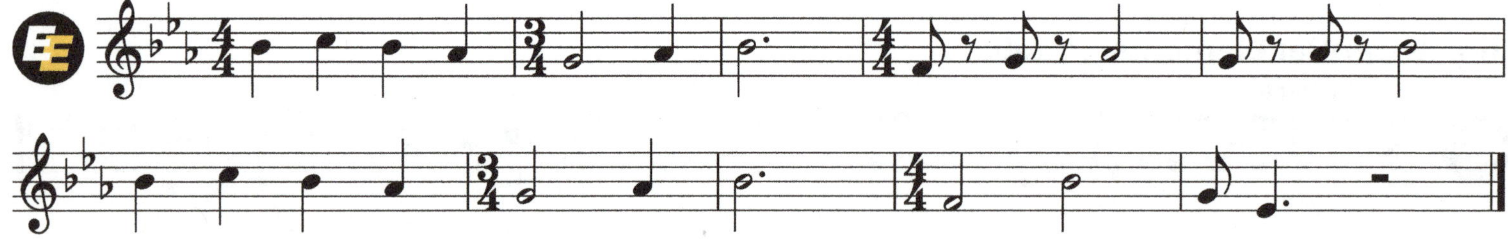

Enarmónicos

Dos notas que se escriben de manera diferente, pero suenan igual, se llaman **enarmónicas**.

Tu tabla de notas en la página 3 muestra las notas enarmónicas de tu instrumento.

En el teclado de un piano, cada tecla negra es a la vez un bemol y un sostenido.

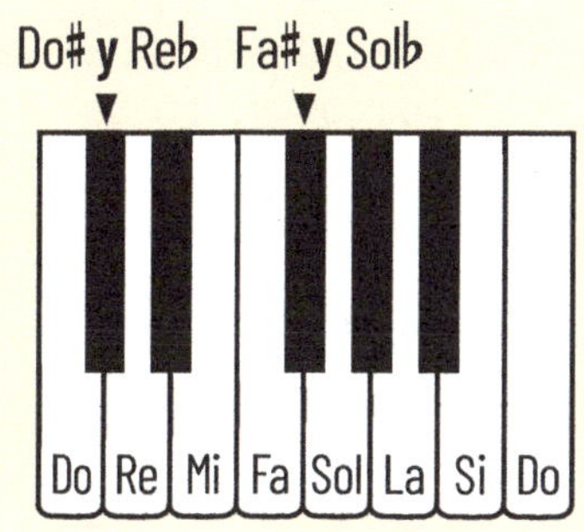

TEORÍA

169. Encantador de serpientes

Sol bemol
Fa sostenido

170. Sombras oscuras

171. Encuentro cercanos

Re bemol
Do sostenido

172. March slav

Peter Ilyich Tchaikovsky

173. Notas disfrazadas

Notas cromáticas

Las **notas cromáticas** se alteran con sostenidos, bemoles y signos naturales que no están en la armadura. La distancia más pequeña entre dos notas es un semitono, y una escala formada por semitonos consecutivos se denomina **escala cromática**.

TEORÍA

174. Paseando en medio-pasos

HISTORIA

El compositor francés **Camille Saint-Saëns** (1835-1921) escribió música para prácticamente todos los medios: óperas, suites, sinfonías y obras de cámara. La "Danza egipcia" es uno de los temas principales de *su famosa ópera* Sansón y Dalila. La ópera fue escrita el mismo año en que Thomas Edison inventó el fonógrafo, 1877.

175. Danza egipcia *Esté atento a los enarmónicos.*

Camille Saint-Saëns

176. Barco de luna plata

Canción folclórica

Largo

mf

Fine

D.C. al Fine

f

p

HISTORIA

El compositor alemán **Ludwig van Beethoven** (1770-1827) es considerado uno de los más grandes compositores del mundo, a pesar de quedar completamente sordo en 1802. Aunque no podía escuchar su música de la manera en que nosotros podemos, podía "escucharla" en su mente. Como testimonio de su grandeza, su *Sinfonía n.º 9* (p. 13) se interpretó como final de la ceremonia que celebró la reunificación de Alemania en 1990. Este es *el tema de* su Sinfonía n.º 7, segundo movimiento.

177. Tema de la Sinfonía n.° 7 – dúo

Ludwig van Beethoven

Allegro (moderatamente rápido)

A

B

p

9

mf

1.

2.

HISTORIA

El compositor ruso **Peter Ilyich Tchaikovsky** (1840-1893) escribió seis sinfonías y cientos de otras obras, entre ellas el ballet *El Cascanueces*. Fue un maestro en la composición de brillantes arreglos de música folclórica, y sus melodías originales se encuentran entre las más populares de todos los tiempos. Su *Obertura de 1812* y *Capriccio Italien* fueron escritas en 1880, un año después de que Thomas Edison desarrollara la bombilla eléctrica.

178. Capriccio italien *Compruebe siempre la armadura.* Peter Ilyich Tchaikovsky

179. Patrulla norteamericana F.W. Meacham

180. Caminante extranjero Canción espiritual africana-americana

181. Essential Elements: Prueba – competencia de contar escalas

Canciones adicionales están disponibles en línea. Consulte la portada interior para obtener más detalles.

RENDIMIENTO DESTACADO

182. America la bella – arreglo de banda

Samuel A. Ward
Arr. por John Higgins

Maestoso

7 Andante 7

15

3

25 Maestoso

183. La cucaracha – arreglo de banda

Canción folclórica latinoamericana
Arr. por John Higgins

Latin Rock

5 8

13

3

25

1.

2.

RENDIMIENTO DESTACADO

184. Tema de la Obertura de 1812 – arreglo de banda

Peter Ilyich Tchaikovsky
Arr. por John Higgins

Allegro

f 4 10 *p* 18 *mf* 2 *f* 26 34 42

▲ Re♭ *bajo*

RENDIMIENTO DESTACADO

Solo para conjunto de percusión

Actuar frente a una audiencia es una parte emocionante de participar en la música. Los conjuntos de percusión ofrecen una oportunidad única de interpretar solos para todos los miembros de la sección de percusión. Este conjunto de percusión está escrito para 5 o más músicos. Está basado en el famoso baile "Can-Can" de la *opereta Orfeo en el Infierno* de Jacques Offenbach, completada en 1858. Tu conjunto de percusión puede presentarse para la banda o en otros eventos escolares y comunitarios.

185. Can-Can

Jacques Offenbach
Arr. por Kevin Lepper

DÚOS

Esta es una oportunidad para reunirse con un amigo y disfrutar tocando música. El otro estudiante no tiene que tocar el mismo instrumento que tú. Intenta que coincidan exactamente con respeto al ritmo, las notas y la calidad del tono. Eventualmente, puede comenzar a sonar como si las dos partes están siendo interpretadas por una sola persona! Más tarde, intente intercambiar las partes.

186. Baja suave, dulce carroza – Dúo

Canción espiritual africana-americana

ESTUDIOS DE ESCALA Y ARPEGIOS DE RUBANK

Clave de Si bemol

En esta armadura, tocar todos Si♭ y Mi♭.

1.

2.

3.

4.

Clave de Mi bemol

En esta armadura, tocar todos Si♭, Mi♭ y La♭.

1.

2.

3.

4.

ESTUDIOS DE ESCALA Y ARPEGIOS DE RUBANK

Clave de Fa *En esta armadura, tocar todos Si♭.*

1.

2.

3.

4.

Clave de La bemol *En esta armadura, tocar todos Si♭, Mi♭, La♭ y Re♭.*

1.

2.

3.

4.

ESTUDIOS DE RITMO

ESTUDIOS DE RITMO

CREANDO MÚSICA

TEORÍA

Composición

Composición es el arte de crear música original. Usualmente empieza creando una melodía que consiste de varias **frases**, como breves oraciones musicales. Algunas melodías tienen frases que parecen responderle a las frases que parecen presentar una pregunta, como en las obra de Beethoven *"Ode To Joy"*. Toca esta melodía y escucha como las frases 2 y 4 dan respuestas un poco variadas a la misma pregunta (frase 1 y 3).

1. Oda a la alegría

Ludwig van Beethoven

2. P. y R. *Escribe tu propia frase de "respuesta" en esta melodía*

3. Desarolladores de frases *Escribe 4 frases diferentes usando los ritmos debajo de cada pentagrama.*

4. Créa su proprio título: ____________________

Escoge la frase A, B, C o D de arriba y escríbela como la "Pregunta" para las frases 1 y 3 debajo. Luego escribe 2 respuestas diferentes para las frases 2 y 4.

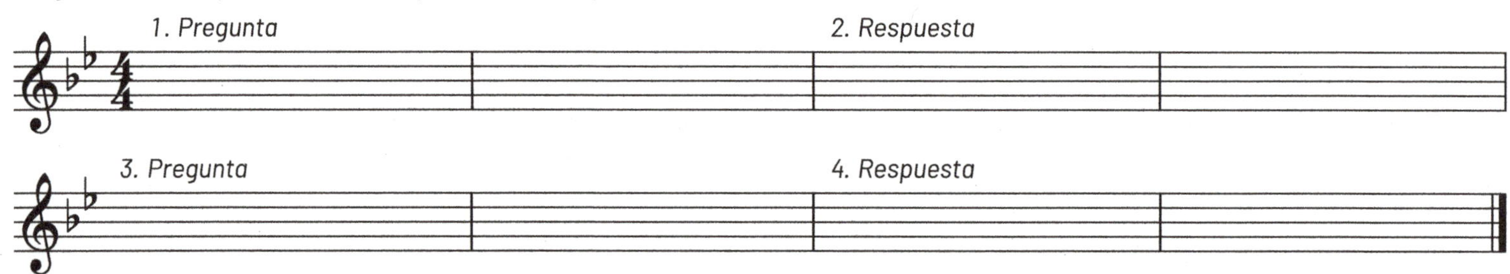

Improvisación

La improvisación es el arte de crear libremente tu propia melodía mientras tocas. Usa estas notas para tocar tu propia melodía (Línea A), para tocar con el acompañamiento (Línea B).

5. Melodía instante

Puedes marcar tu progreso a través del libro en esta página.
Rellena las estrellas según las instrucciones del director de la banda.

1. Página, 2-3 Los básicos
2. Página 5, EE prueba, n.º 13
3. Página 6, EE prueba, n.º 19
4. Página 7, EE prueba, n.º 26
5. Página 8, EE prueba, n.º 32
6. Página 10, EE prueba, n.º 45
7. Página 12-13, rendimiento destacado
8. Página 14, EE prueba, n.º 65
9. Página 15, creatividad esencial, n.º 72
10. Página 17, EE prueba, n.º 84
11. Página 17, creatividad esencial, n.º 85
12. Página 19, EE prueba, n.º 98
13. Página 20, creatividad esencial, n.º 104
14. Página 21, n.º 109
15. Página 22, EE prueba, n.º 117
16. Página 23, rendimiento destacado
17. Página 24, EE prueba, n.º 125
18. Página 26, creatividad esencial
19, Página 28, n.º 149
20. Página 28, EE prueba, n.º 151
21. Página 29, rendimiento destacado
22. Página 31, EE prueba, n.º 164
23. Página 32, EE prueba, n.º 168
24. Página 33, n.º 174
25. Página 35, EE prueba, n.º 181
26. Página 36, rendimiento destacado
27. Página 37, rendimiento destacado
28. Página 38, rendimiento destacado

Música – un elemento esencial de la vida

INSTRUMENTOS DE PERCUSIÓN DE TECLADO

Cada instrumento de percusión de teclado tiene un sonido único debido a los materiales usados para fabricarlo. Los rangos pueden variar según algunos modelos de instrumentos.

Recordatorios para el cuidado del instrumento

- Cubre todos los instrumentos de percusión cuando no se estén usando.
- Guarda los mazos en un área de almacenamiento. ¡Mantén la sección de percusión ordenada!
- Los mazos son lo único que debe colocarse sobre tu instrumento. NUNCA pongas ni permitas que otros pongan objetos sobre cualquier instrumento de percusión.

CAMPANAS (Campanas Orquestales)

- Teclas: aleación de metal o acero
- Mazos: lexan (plástico duro), latón o caucho duro
- Rango: 2 1/2 octavas
- Suena: 2 octavas más alto de lo que está escrito

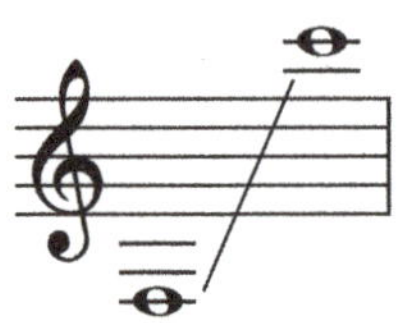

XILÓFONO

- Teclas: madera o material sintético
- Mazos: caucho duro
- Rango: 3 1/2 octavas
- Suena: 1 octava más alto de lo que está escrito

Instrumentos y fotos cortesía de Yamaha.

MARIMBA

- Barras - de madera (más anchas que las barras del xilófono)
- Tubos resonadores ubicados debajo de cada tecla
- Baquetas - de goma suave a media o cubiertas con hilo
- Rango - 4 1/3 octavas (lee las claves de fa y de sol)
- La altura del sonido es la misma que la altura escrita

VIBRÁFONO

- Teclas: aleación de metal o aluminio
- Tubos resonadores ubicados debajo de cada tecla
- Ventiladores eléctricos ajustables en cada resonador crean el efecto de "vibrato"
- Mazos: cubiertos de hilo
- Rango: 3 octavas
- La altura del sonido es la misma que la altura escrita

CAMPANAS TUBULARES (Chimes)

- Teclas: tubos de metal
- Mazos: plástico, cuero crudo o madera
- Rango: 1 1/2 octavas
- La altura del sonido es la misma que la altura escrita

Índice de referencia

Definiciones (páginas)

Compositores

Música del mundo

Índice de referencia para percusión

Definiciones (páginas)

Español (inglés) página

**Estos números de página se refieren a la primera sección (percusión) de este libro.*

Notas

Notas

Notas